業務効率がアップする

てきぱきテラーの仕事術

中島啓子
Nakajima keiko

近代セールス社

業務効率がアップする

てきぱきテラーの仕事術

はじめに

銀行に勤めるようになって、遠距離恋愛になりました（笑）。彼は東京、私は長野。毎週金曜日は17時の定時で仕事を終わらせ、着替えてダッシュして17時12分の特急に乗って、彼に会いに行くことが当時の目標でした。

そのため、頭の中では「早く帰るためにはどうしたらよいのか？」と仕事の効率化ばかりを考えていたものです。

この処理は何のためにするのか？

そもそもやる必要があるのか？

やり方を変えたらもっと早くできるのではないか？

もちろん金融機関はお金を扱うところなので、正確な事務処理のための規定があります。それを変えることはできませんが、工夫できることはあるはず。それによって、もっと早く仕事を終わらせることができるのではないか？

このような観点で業務に向き合ったところ、多くのことが改善されて、17時前に先輩たちのごみ捨ても済ませ、特急電車に乗ることができるようになりました。

現在、研修講師として主に金融機関の営業研修を担当しています。その中で研修受講者から「営業する気持ちはあるのだけれど時間がない」という言葉をよく耳にします。私はこの言葉を、とても歯がゆく感じるのです。

テラーの皆さんが、限られた時間の中で事務処理を行い、勘定を合わせなくてはならないことは重々承知しています。

さらに、何人ものお客さまがお待ちになっているのに、営業のアプローチをしてさらに待ち時間を長くするのは申し訳ないという思いも理解できます。ただ、時間を効率的に使い、お客さまと会話する時間を作り出せるかどうかは自分次第なのです。

本書は、そんな皆さんに、少しでも業務の効率化を図り、業務をスムーズに進められる観点を持っていただければと思い書きました。

金融機関が現在行っている業務の大半は、今後ＡＩ（人工知能）によって機械化され、なくなっていくことでしょう。しかし、そのようなシステムが導入されるまでには、まだ多少時間のかかる業務が存在しています。そうした業務にかける時間を短縮し、時間的な余裕を作り、お客さまとの会話を増やして、私たちが持つ人間力を発揮することができれば、お客さまからも喜ばれ、仕事も楽しくなることでしょう。

そして、早く仕事を終わらせ、プライベートの時間もぜひ大切にしていただきたいと思っています。誰もが平等に持っている1日24時間を輝かせるために。

中島啓子

もくじ

第3章 店内体制を整える

第4章 セールス方法を工夫する

第1章

事前の準備が仕事の効率を左右する

近い将来どんなことが
起こりますか？
先の仕事を予測して、
〝今〟の自分がちょっとした
工夫をしておくことで、
〝未来〟の自分がずっと楽になります。

1

書類を事前に準備する①

関連する書類をまとめてセットしておく

新規で口座開設をする際に必要な書類は、あらかじめクリアフォルダーにセットしておきます。口座開設申込書だけでなく、今は取引時確認用の用紙なども必要ですね。

金融機関によって書類の形式は異なりますが、**ひとつの業務を行うときに必要な書類を事前にまとめておくことで、あちこち取りに回る移動の時間を省略することができます。**

ある金融機関の窓口で「新規に口座を作りたいのですが」と申し出たところ、店内を1周して申し込みに必要な書類を揃えたテラーがいました。店内を1周しながら「あー、面倒くさい」と思わないのでしょうか？　**「面倒」と思うことがあれば、そこは事務効率化の工夫ポイント**です。ぜひ、どうしたらよいのかを考えてみてください。

新規口座の開設は、お客さまとの今後の取引拡大が見込める大切な機会です。たとえば、口座を利用する目的やきっかけ、当金融機関を選んでくれた理由などを聞くことで、他の商品の提案にもつながります。そう考えれば、クレジットカードやネットバンキングの申込書なども一緒にセットしておくとよいでしょう。

すぐに取り出してお客さまの目の前に出せるように、**ひとつのクリアフォルダーにお客さまひとり分の書類をセットしておく**というのがポイントです。

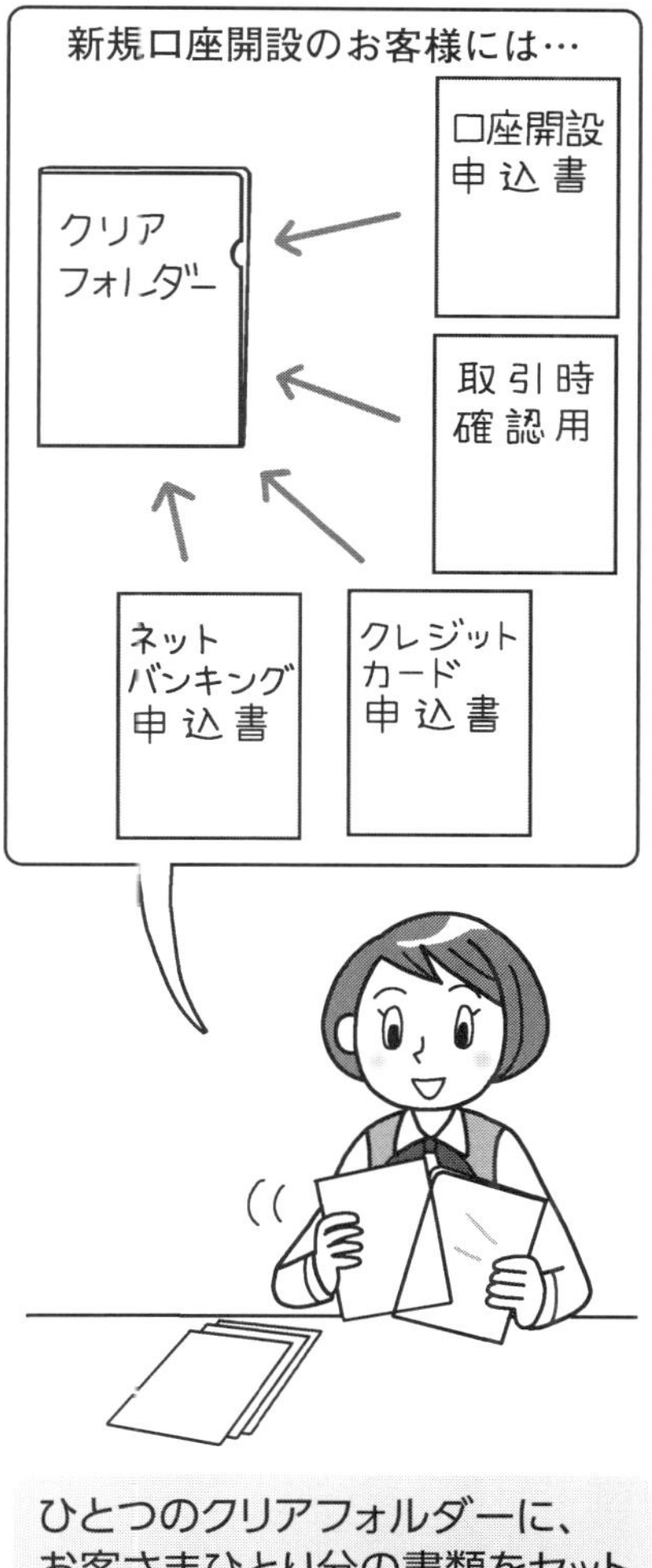

ひとつのクリアフォルダーに、お客さまひとり分の書類をセットしておきましょう。

2

書類を事前に準備する②

次に使う書類も今回分と一緒に準備してしまう

前項で取り上げた新規口座開設の書類のように、よく使う書類は事前にセットしておくとしても、中にはたまにしか手続きしない諸届などの書類もあると思います。そうした、いつ手続きが必要になるかわからないものについて時間をとって準備をすることは、優先順位としては低いので後回しです。

そこで、そのような事務作業が発生したときには、**次にその作業が必要になったときの準備を一緒にしてしまいましょう。**

たとえば、必要書類などは、その場で使用するもののほかに、もう何セットか何も書かれていないものをまとめてクリアフォルダーにいれてしまうのです。返信用封筒や手数料伝票を使用するのであれば、それも一緒にいれておきます。

たまにしか行わない手続きをする時は…

□次回作業するときの準備も一緒にしてしまう

□手続きのマニュアルをコピーしてつけておく

□準備した書類は収納場所を決め、ラベルをつけるなどして、すぐに取り出せるようにしておく

次回の作業はずっと楽に!

また、たまにしか行わない手続きだと、手順ややり方をよく覚えていないこともあるでしょう。そこで手続きマニュアルや規定集を確認するのであれば、**該当ページをコピーしてつけておくこと**もポイントです。

そのときにはほんの少し時間が余計にかかるかもしれませんが、以後の作業はずっと楽になるでしょう。

その際には、その書類一式を見つけるために苦労しないように、**収納場所を決めて店内で共有し、ラベルを活用するなどして、すぐに取り出せるようにしておいてくださいね。**

3

書類を事前に準備する③

デイリーボックスを活用して事前に準備する

当日来店するお客さまがわかっている場合がありますよね。その場合には、そのお客さまに係る必要書類をすべて準備して、手元に用意しておきます。

次回の来店日が明確な場合には、**今回応対した際のメモや次回に必要な書類をまとめて、ボックスファイルか引き出しの仕切りなどを使って週・月単位に分けて入れておく**のです。

そのうえで週末に、**翌週の分を、月曜日から金曜日までに分けたデイリーボックスに区分け**します。

当日の朝には、デイリーボックスから書類を取り出し、できる作業は進めておきます。

規定で保管場所が定められているなど、デイリーボックスの中に入れておくことができないものも揃えて一緒にし、お客さまが来店した際にすぐに対応できるように準備をしておくことで、当日の業務を円滑に進めることができます。

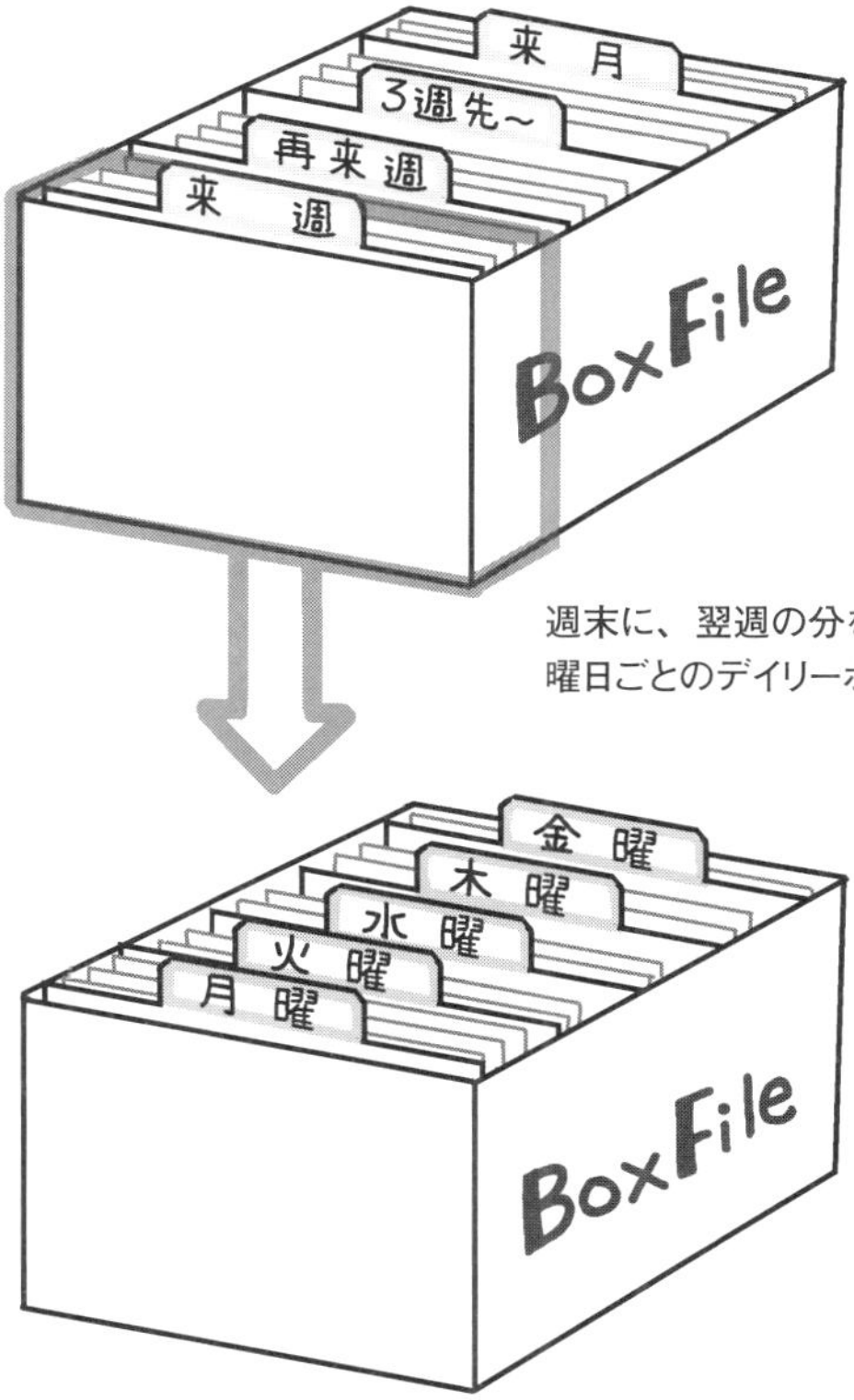

週末に、翌週の分を
曜日ごとのデイリーボックスに。

当日の朝、デイリーボックスから書類を取り出し、
できる作業を進めておく。

4

チラシを準備する

チラシは手の届くところに置いておく

以前、「NISA」制度が始まったときのことです。その金融機関の支店には、NISAを大々的にアピールした大きなポスターが貼られていました。

そこで、窓口に行って「NISAのことについて聞きたいのですが」と申し出たところ、テラーは立ち上がり、支店の奥にあるキャビネットを探してチラシを出してきました。なんとその間3分くらいはあったでしょうか？

何もせずに待つ3分は顧客にしてみれば長く、待たされた感覚があります。このような時間も、チリも積もれば莫大な時間につながるのです。

チラシやパンフレットは、**窓口から立って移動して取りに行ったり、他の担当者に出してきてもらったりすることがないように、手元からすぐに取り出せるようにしておきま**

チラシやパンフレットは、クリアファイルに入れておくなどして、手元からすぐに取り出せるようにしておきましょう。

しょう。

それによって、チラシを探しに行く無駄な時間を削減することができます。**チラシの置き場所に困るようでしたら、クリアファイルに何枚かのチラシをいれておく**とよいと思います。

また、このチラシの準備の仕方にも工夫をしましょう。商品別に分類していれておくというのが一般的かもしれませんが、そこに一工夫して、それを**お客さまの年代別に分け、その年代のお客さまにニーズが高そうな商品をまとめる形でファイルしておく**のです。

ファイルにコメントなどもいれてお客さまに渡し、お待ち時間に見てもらうのもいいでしょう。セールスの説明時間も短縮できるかもしれませんね。

5

その他の準備①

書き方見本を準備する

伝票については、書き方見本を用意しておき、お客さまにお渡しして、それを見ながらご記入いただくとよいでしょう。窓口のカウンターで書いてもらうのではなく、記帳台で書いてもらうことによって、その時間に他のお客さまの受付をするなど同時進行をすることができます。

その際、店舗のスペースが許されるのであれば、座って書くことができる記帳台があるといいですね。また、老眼鏡なども置いておくと親切です。

この方法で、私は一度に何人ものお客さまの手続きを同時進行させていました。

見本は伝票だけでなく諸届などの書類についても作っておきます。あらかじめ金融機関で用意されているものもありますが、**ないものについてはテラーの皆さんが実際に手書き**

153
伝票は書き方見本をお渡しし、
記帳台で書いてもらいましょう。
その間に他のお客様の受付をす
すめることができます。
書き方見本

で書いて作ることをおすすめします。そうすることで、お客さまが見落としがちな点や、面倒だと思われる気持ちもわかることでしょう。また、赤字で手書きした見本だと、お客さまにしてみれば、どの部分を記入すればよいのかすぐにわかります。

また、書き方見本を作ることは、業務を覚えるのにも役立ちます。たまにしか受け付けることがない諸届などもありますね。その際には、**諸届の用紙と一緒に、書き方見本と業務の手順もいれておくとよい**でしょう。業務の手順書があらかじめある場合はよいのですが、ない場合はその用紙に手順を書いておきます。たとえば、①本人確認資料をコピーして添付、②2枚目を顧客に返送、など概要のメモ書きでも十分です。

なお、最近は、手書きの書類からタブレット端末の入力による手続きへと変わってきました。**タブレット端末に入力していただく場合についても、書き方見本と同様に、その画面の入力手順などを、画面を印刷したもの（プリントスクリーン）とともに準備しておく**とよいでしょう。

6

その他の準備②

よく使うコードなどの一覧表を作る

端末に入力するためのコードを、すぐに見ることができるように端末に貼っておきます。もしくは、その一覧表をラミネート加工するなどして、端末にかけておいてもいいですね。すぐに取り出せるようにしておきましょう。

よく使うけれども、記憶することはできないといったものにはとても有効です。いちいち調べなくても済むようになります。

このような一覧表があると、自分はもう必要がなくなってしまったとしても、担当者が変わった場合や後輩指導の際に共有して使うことができるので、引き継ぎなどにも役立てることができ、その際にも時間の大幅な短縮がはかれるでしょう。

よく使うけれど記憶しきれないものは、一覧表を作成し、すぐ見られるようにしておきましょう。

7

その他の準備③

事務規定集に付せんやラベルをつける

私たちは規定に沿って事務を行う必要があります。しかし、膨大な事務規定集をすべて記憶しているわけではありませんね。頻繁に見ることがあるページには、**付せんやラベルをつけて、一瞬でページを開くことができるようにしておきましょう。**

また、その際のラベルには、あとから見たときにわかるように項目をいれておくなどの工夫をしておきます。内容についても、重要な部分に付せんをつけて、ページの中で書いてある場所が一瞬でわかるようにし、注意点などをメモしておくとさらに効率的ですね。

ただし、いつ使うかわからない事務規定集にラベルを貼るための時間を、わざわざとる必要はありません。**事務規定集で調べた際に、ほんの一手間を加えてラベルを貼る。**それによって次回の作業が楽になるのです。

事務規定集を見たら、そのついでに
インデックスラベルや付せんを貼っておく。

次回調べるときに、必要なページを
サッと開くことができます。

8

その他の準備④

書類の記入場所に、その内容を付せんに書いて貼っておく

諸届の中には、記入箇所をいちいち説明しないとわかりにくいものや、あちこち飛んでいて記入漏れがありそうな書類もあるかと思います。そのような書類には、**あらかじめ付せんに記入内容を書いて貼っておきます。**お客さまはその付せんどおりに記載し、そして、付せんをはがしていくだけでよく、手取り足取りの説明をしなくても、記入漏れのない諸届を受付することができます。

付せんに記入する内容は、たとえば続柄欄に「申込者から見ての続柄を記入」のように説明を書いてもいいですし、「夫」というように記入してもらう事項自体を書いておいてもいいでしょう。後者のほうがお客さまはそのまま写すだけでよいので簡単ですが、お客さまによって「夫」「妻」「子」など準備する付せんの種類が多くなり、その場でお渡しす

る付せんを選ぶなどの対応が必要になります。

付せんに記入する内容が決まっていれば、そのゴム印を準備し、業務の隙間時間にゴム印を押し、書類に貼っていく作業をしておくとよいでしょう。

郵送でやり取りするときによく使われている方法ですが、窓口でも使えます。

例①

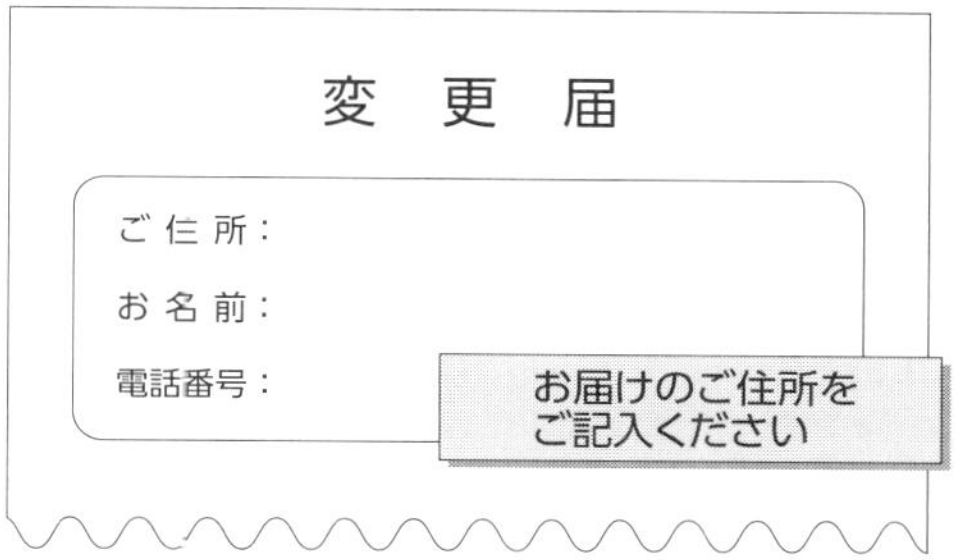

例②

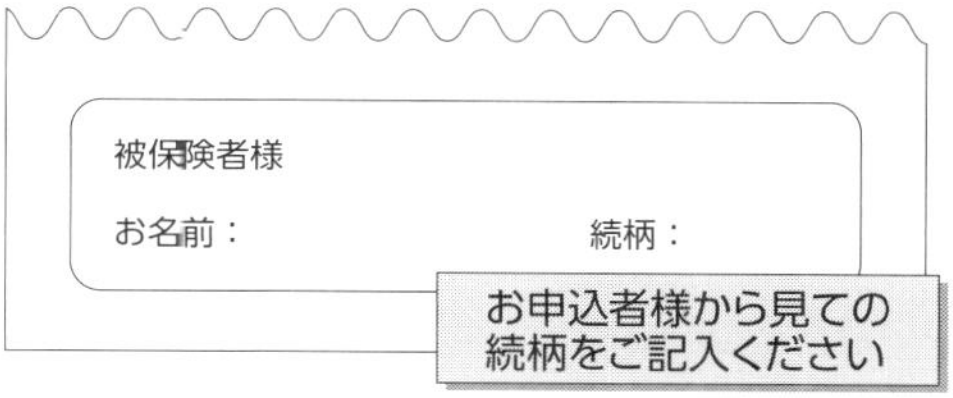

9

準備のための時間

週に1回、「準備時間」を設ける

業務を効率化していこうとすると、最初に準備のための時間がかかる場合があります。しかし、一度準備をすることで、その後の業務がはかどり、時間が作れるようになるのであれば、そこでかかった時間は無駄ではありません。**週に1回、それが難しいようであれば月に1回、30分程度で構いませんので「効率化のための準備時間」を作ってみたらいかがでしょうか？**

その時間を使って、本書でご紹介する内容を実践するための準備時間にしてもいいですし、全員で倉庫の整理をしてもいいでしょう。帳票棚などの見出しを作ってもいいですし、やることはいっぱい出てきそうです。

業務の効率化のための取組みはどうしても今すぐ必要なことではないため、後回しにしてしまいがちです。そのような場合には、やはり**強制的に支店内などで効率化のための準備時間を決めてしまう**とよいでしょう。

もちろん、効率化の準備に時間を割いたことで業務が滞るようでしたら本末転倒ですので、効率化の準備に時間を割くのはやめ、目の前の業務に集中してください。

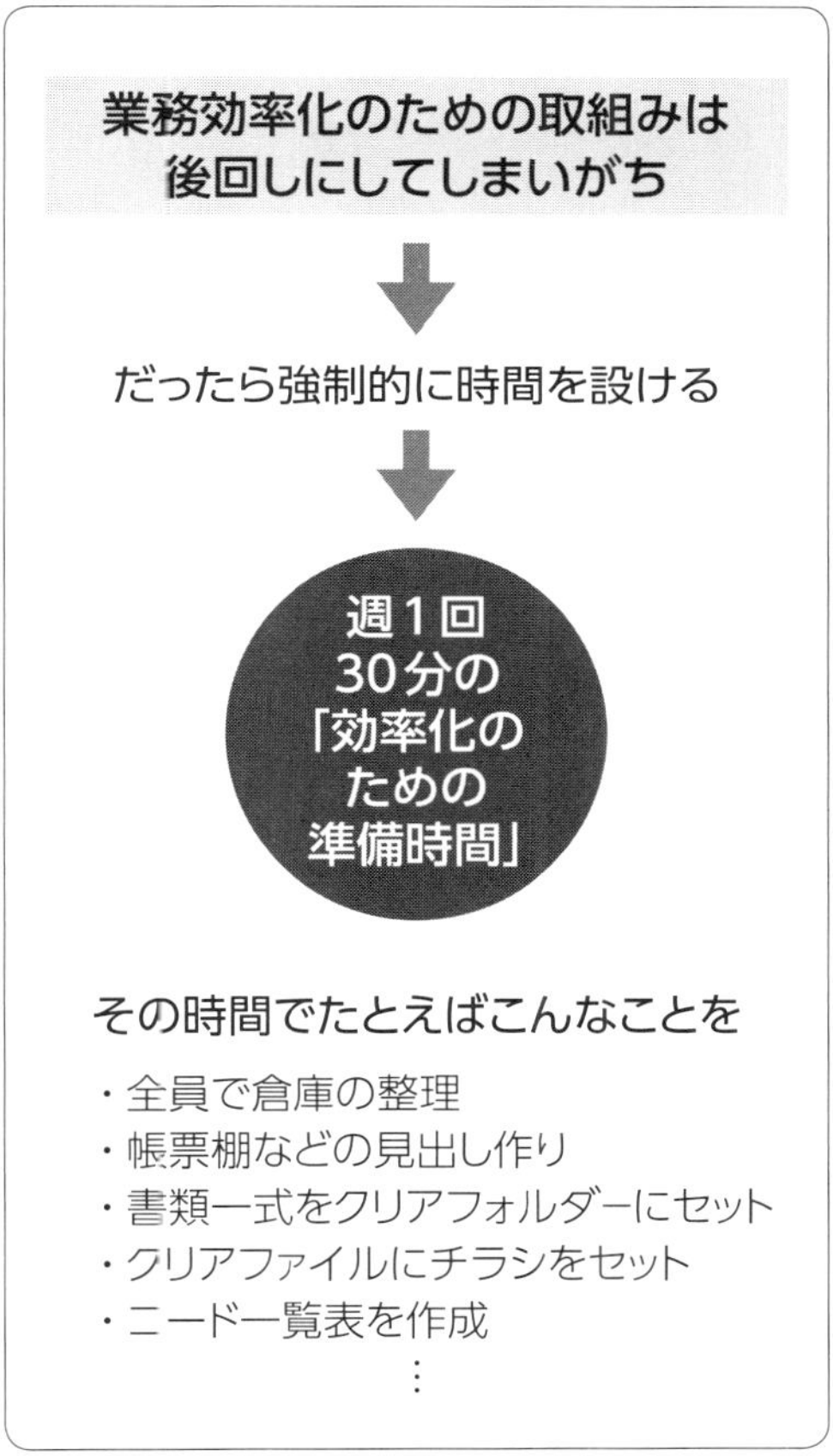
業務効率化のための取組みは
後回しにしてしまいがち
だったら強制的に時間を設ける
週1回
30分の
「効率化の
ための
準備時間」
その時間でたとえばこんなことを
・全員で倉庫の整理
・帳票棚などの見出し作り
・書類一式をクリアフォルダーにセット
・クリアファイルにチラシをセット
・ニード一覧表を作成
⋮

column

粗品の準備

最近では粗品を渡すシーンというのは少なくなりましたが、私が銀行員だった時代には定期預金の作成や継続でも粗品を渡していたものです。

私は多くのお客さまについて、その方がもらってうれしい物を把握していました。たとえば、Aさんは日常生活で使えるラップやティッシュなどの消耗品を差し上げると喜んでいただける、Bさんは銀行のキャラクターグッズを希望する、といった具合です。

定期預金の満期管理をしていると、来店される時期が予測できます。その時期を見計らって、「○○様用の粗品」をあらかじめ袋にセットしておき、手続きが終わったらすぐに渡せるようにしておきました。

セットするのも何人か分を一緒にやってしまえば効率的です。
お客さまからも喜ばれ、次の取引につなげることができました。
次にやることが見通せていて、その準備を同時進行できることはありませんか？

第2章

時間は工夫でつくり出す

今まで何の気なしに
続けてきたことに、
時間を作る大きなヒントが
隠されているものです。
当たり前にやってきたことを
見直ししてみませんか？

1

やり方を変える①

郵送での返却物は、待ち時間に宛名をお客さまに記入してもらう

相続手続き等でお客さまから通帳などをいったん預かり、その後郵送で返却するような場合、書類が揃っているかなどの確認する間、お客さまにお待ちいただく時間がありますね。**その時間を使って、お客さまに、ご自身の住所、名前等を封筒に記入していただきます。**

これによりテラーは、封筒に宛名を書く作業を減らすことができます。**お客さまの待ち時間を利用して、自分の手続きと封筒への宛名書きを同時進行させる**ことで、お客さまにとっても待ち時間が短く感じられることでしょう。相続の手続き書類を準備する際に、封筒も一緒にセットしておくといいですね。

担当者を増やしたり変えるなど、「人を変える」ことは効率化をはかる一つの方法ですが、「人を変える」というのは何も、行職員の間のことだけではなく、誰でもいいわけです。

このように、誰がその作業を行うのか、という**枠組みを変えて見てみると、新しい時間の作り方の視点を持つことができます。**

ただし、お客さまが高齢等で、そもそも字を書くこと自体に時間がかかるような場合（テラー自身が書いてしまったほうが早いとき）には、お客さまにはお願いせず、お待ちいただいたほうがよいでしょう。ケースバイケースで判断してくださいね。

お客さまの待ち時間を利用して
自分の手続きと封筒の宛名書きを
同時進行させましょう。

2

やり方を変える②

手続きで必要なものは、あらかじめお客さまにセットしておいてもらう

お客さまをお呼びし、受付をする際に、お客さまがバッグから通帳や印鑑等を取り出す時間を積み重ねたら、かなりの時間になると思いませんか。その時間を削減できれば、相当な時間短縮ができるはずです。

そのためには、**クリアフォルダーなどを使って、手続きに必要なものをその中にあらかじめ入れておいてもらい、それを手元にご準備いただいて、受付の際にその一式を窓口に渡してもらう**とよいでしょう。

フロアスタッフとの連携が必要になる場合もありますが、**用件によって準備してほしいものをメモでお渡しすれば、お客さまにも一目瞭然**です。そのメモも毎回手書きする必要はなく、一覧表を作っておいて、用件によって必要なものにマーカーで印をつけたりチェッ

クしたりするようにしておけばスムーズに対応できます。

よく来店される方でしたら、あらかじめ準備をしてきてくれるようになるかもしれませんよ。

用件によって準備してほしいものをメモでお渡しします。メモは手書きではなく、一覧表にチェックする方式がスムーズです。

3

やり方を変える③

お客さまが書類を記入している間に作業を進める

現在はお客さまに必要な書類を記入していただいてから、自動番号発券機で受付をする金融機関が増えてきています。しかし、他にもお客さまに記入してもらう必要が生じるケースや、ローカウンターで座っていただいてから記入してもらう場面も多いはず。そのような際には、**お客さまが記入している間、ただ見ているのではなく（意外と見ているだけの人が多いので）、その後に考えられる作業を同時に進めてしまいましょう。**

たとえば、お客さまから残高証明書の発行を依頼されたとします。その発行にあたって残高証明発行手数料の伝票を作成する必要があるのであれば、お客さまが依頼書を記入している間に、手数料の伝票にお客さまのお名前を書くなど起票作業を進めておきます。そうすることで、残高証明書は後日郵送でいいということなら、手数料をもらったらすぐにお客さまには帰っていただくことができます。

この場合、残高証明書の依頼があったら、すぐに「手数料伝票起票」と頭に浮かび、動けることが重要です。お客さまにとっても、待ち時間が短くなることで満足度も上がるでしょう。

お客さまが書類を記入している間、ただボーッと見ているのは時間のムダ。その間に進められる作業を進めましょう。

4

やり方を変える④

回覧物は綴ってから回覧する

金融機関は回覧物が非常に多いですね。誰かがその回覧物を回さずに止めてしまうといったことも少なくないのではないでしょうか。

回覧物が全員に回った後に綴るとなると、綴る担当者は、その回覧がきちんと戻ってきているのかを確認する必要がありますし、その用紙が他の書類に紛れ込んでしまった場合、探すのは容易ではありません。そこで、回覧物は、最初にファイルに綴じてから回すようにします。

回覧が回ってきた人は、それを自分のところで止めるということは机に大きなバインダーやファイルを置きっぱなしにすることになりますから、早く次に回そうと思うはずです。仮に止めてしまったとしても、誰のところに回覧中なのかは一目瞭然であり、回覧の状況を把握することができます。

回覧物は1枚で回すと、回覧の状況が把握しにくく、他の書類に紛れてしまいやすい。

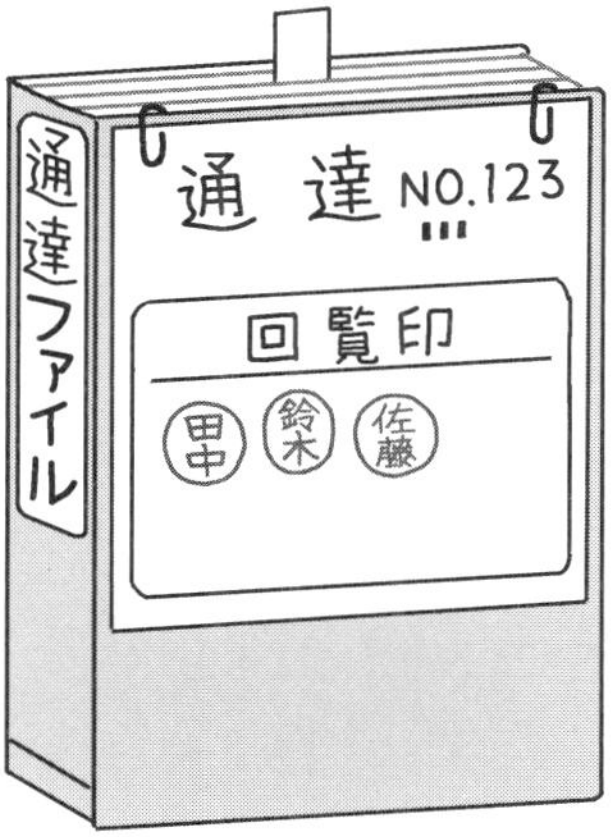

ファイルに綴じてから回せば、回覧の状況も把握しやすく、置きっぱなしにもなりにくい。

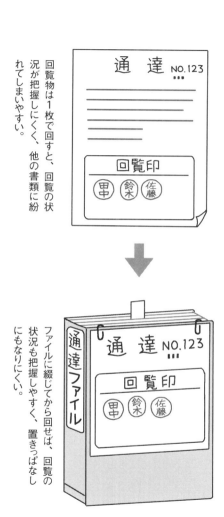

5

やり方を変える⑤

回覧物はPDFにして誰もがいつでも見られるようにする

前項で「回覧物は綴ってから回覧する」と書きましたが、そもそも回覧の方法を変えてしまうのも一法です。**PDFファイルなどにして、パソコンから誰もがいつでも閲覧できるようにしてしまいましょう。**そうすれば、順番で回覧する必要もありませんし、同時に閲覧することもできるようになります。

回覧印に代わるものとして、イントラネット上に閲覧表を作っておき、確認したら各自がチェックするようにすれば、閲覧状況も管理できます。

この方法ですと、後日その通達物を見たい場合にも、通達物を綴じたバインダーやファイルを探しに行くことなく、すぐに取り出すことができて一石二鳥ですね。

回覧印の代わりにパソコン内の共有ファイルに閲覧表を作り、閲覧状況を管理すると便利です。

6

やり方を変える⑥

あとから取り出しやすいラベルインデックスをつける

書類などはバインダーやファイルを使って整理しますが、その際、**1冊のバインダーに綴る書類の順番をどうするのかが、以後の事務作業の効率に影響します。**たとえば、日付順にするのか、顧客番号順にするのか、顧客の名前を五十音順に並べるのか、といったことです。

期日管理をしていくものであれば、日付順に並べるのが適していて、その管理する期間をラベルインデックスにします。たとえば、近々の1週間以内に業務を終わらせるものでしたら、ラベルは月・火・水・木・金とし、「月」のラベルファイルには月曜日に手続きを行うものをファイルします。そうすることでわざわざラベルの入れ替えをする必要もありません（整理や分類をするために時間を費やすのは本末転倒なので、その時間も削減す

●バインダーを書類に綴じる順番の考え方

①日付順(曜日、週単位、月単位)に整理
→期日管理がやりやすい

②顧客番号順
→数字なので綴りやすく、取り出しやすい

③名前(名字)の50音順
→夫婦や家族をセットでファイルすることになるため、世帯ごとのアプローチには使い勝手がいい。

↓

そのバインダーやファイルの目的や使い方により、適した綴じ方は違ってきます。

るようにします）。

週単位でしたら第1週・第2週・第3週・第4週。上旬・中旬・下旬のほうがよい場合もありますね。月単位でしたら1月・2月・3月……。そうすることで書類を探す（めくる）時間を短縮します。

顧客番号順にするのか、名前の五十音順にするのかは、そのバインダーやファイルの使い方により変わります。

顧客番号順にすれば、数字なので綴りやすく、取り出しやすくなります。しかし、世帯ごとへのアプローチなどを考えると、五十音順にすれば家族は苗字が一緒なので、近い場所に整理されます。なおかつ**世帯主に家族分の書類をクリップしておけば、五十音順のほうが一緒に取り出すことができ、使い勝手はよくなります。**

五十音順に並べて、ご夫婦の場合には一緒にセットしておき、夫婦であることの印もしておくとよいでしょう。

7

やり方を変える⑦

「連携シート」はフォーマットを作り、記入箇所を削減する

担当者間で情報を共有するため、「トスアップシート」などの名称で情報連携用のシートをつくっている営業店も少なくないと思います。ただ、こうしたシートやメモはたいてい汎用になっているため、記入すること自体に時間がかかっているようです。**フォーマットを作り、記入箇所をできるだけ削減しましょう。**

たとえば、公的年金の受給に関する情報を共有するためのシートであれば、「現在の受取金融機関」としてその支店周辺の競合金融機関をいくつか羅列しておき、そこに○を付ければいいようにしておきます。また、その金融機関で受け取っている「受取理由」も、考えられることをいくつか書いておきます。「近い」「年金定期の金利」などです。それらも同じく**○をつければいいだけにしておけば、記入する時間を省くことができ、情報を箇**

単に共有することができます。

さらには、シートをペーパーレス化できるようなら、**パソコンで共有ファイルを作っておき、そこに書き込めるようにすればより効率的**でしょう。その際には、**エクセルのドロップダウンリストから選択できるようにするなど、入力の手間を省けるようにしておくのがポイントです。**

私の研修先では、商品によってヒアリングする情報の項目を決め、メモ欄にその情報を書くように決めています。

そうすることで、文章を考える必要がなく、「よろしくお願いします」といった言葉を書くことも省略できます。**情報シートには顧客情報を印刷しておき、それによってお客さまの住所や名前などの記入も省略できるようになっています**（次ページ参照）。

また、顧客情報が印刷された画面をもとにフォーマットを作り、連絡メモとして活用しています。そうすれば、他の担当者が訪問したり、電話したりする場合にも、わざわざ住所や電話番号を調べずに済みます。

ただし、これは個人情報が記載された情報メモになりますので、鍵のかかるキャビネットに収納するなど、管理には十分注意する必要があります。

※このスペースに顧客情報(CIF)が
印刷されるようになっている。

年　月　日　来店・訪問

【　　　】年金情報　トスアップシート　No.	
情報内容 年金の受取り 受取先金融機関 受取り理由 〈情報メモ〉	 ある　なし　受取り予定(　月から) ○○銀行　××銀行　△△信金 近い　知人がいる　特典(金利　プレゼント　旅行) 口座引落がある(公共料金　クレジットカード　保険) その他(　)
フォロー 〈フォロー内容〉	A　B　C　D A…渉外でフォローをお騒いします　B…窓口で引き続き推進します C…電話もしくはDMでフォローします　D…現時点では見込みがありません 月　日 **結果:　獲得　継続　断念　その他(　)**
回覧	役席者 ⇐ 渉外担当者 ⇐ 推進リーダー ⇐ 窓口担当者

8

やり方を変える⑧

FAXや郵便の送付状はひな形を作って使用する

FAXや郵便の送付状など同じものを何度も使用する場合には、**ひな形を作っておき、そちらをコピーして使用します。**

汎用のものを作っておき、送付する内容も考えられるものは記載しておいて、実際に送付するものを○で囲むというような方法を用いると、送付する物をわざわざ記入するより早く準備できます。もし毎月同じ会社にFAXする場合には、あて先や内容もすべて記載したものをそのままファイリングしておいて使用しましょう。

お客さまに対して特別感をアピールしたい場合やコメントをいれたい場合には、ひな形を作る際に、たとえばセリフのように吹き出しを入れたり、「○○様」と書いて、その人に合わせた提案などを手書きで記入するスペースを作ったりしておくとよいでしょう。

季節に合わせてイラストを加えたり、少し文言を変えたりして何パターンかひな形を作っておいてもいいですね。すべてを画一的にしてしまうのではなく、効率化を図ったうえで、ちょっとした気遣いが感じられるものになります。

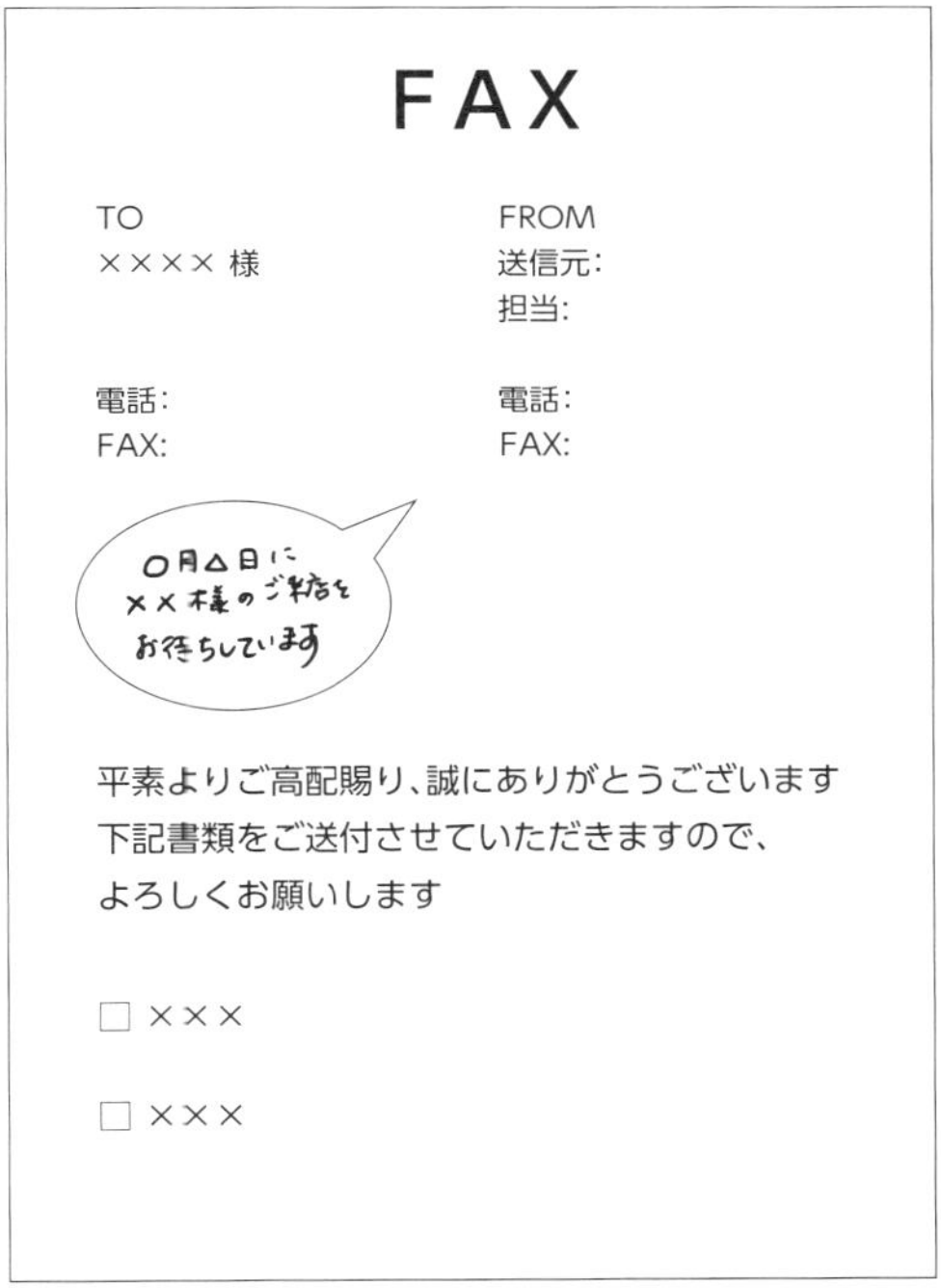

FAX送信状などは汎用のものを作っておき、コメントなどは吹き出しで入れるなどするとよいでしょう。

9

やり方を変える⑨

やるべきことを付せんに書いて、目の前に貼っておく

何か頼みごとをされた場合には、すぐにやることが大切です。あとでやろうと思っていて忘れてしまったということがないようにしなくてはなりません。

すぐにできない場合には、付せんに書いて、いつも必ず目にするところに貼っておきます。

意外と私たちは、優先順位をつけるとき、何をやらなければいけないのかを思い出すのに時間をかけてしまいます。やるべきことを付せんに書き、目に見えるところに貼っておくだけで、取り掛かるまでの時間を短縮することができます。

さらに、**付せんを貼るときには、優先順位が高いものから順に上から貼っていく**とよいでしょう。そうすれば、すぐに次の作業に取りかかれます。**完了したら付せんをはがしていく**ことで、小さな達成感を味わうこともできます。

付せんは優先順位の高いものから
順に、上から貼っていきます。

10

やり方を変える⑩

「至急」クリップを添えて最優先の処理を依頼する

お客さまが急いでいる場合や、何かトラブルが発生した場合など、すぐに対応しなければいけないことがあります。しかし、大げさに騒ぎ立てたり、いちいち職員間で状況を説明したりするのはあまりスマートではありません。また、他のお待ちいただいているお客さまに対しても気づかれないように配慮したいものです。

そのような際には、「至急」と大きく赤字で書いた厚紙をクリップして書類を回すようにするといいでしょう。**そしてその場合、それを受けた人は最優先で処理するようにルール化しておくのです。**

書類等を回す際には、係間で手渡しするようにし、「S手続きです」などとセリフを決めておくといいですね。そうすることで、いちいち説明する必要もなく、手続きは早く進行するでしょう。

他のお客さまに気づかれないように、「至急」の厚紙をクリップして書類を回すようにします。

11

無駄な作業を減らす①

何度も記入するものは複写する

同じことを何度も記入するような手間は省略しましょう。複写する方法はいくつかあります。ゴム印、シールを作成する、カーボン紙を使用する、印刷するなどです。**住所などでよく記入する地域は、番地などをいれずにゴム印で作ってしまうといいですね。**

また、お客さまに案内することの多い「ご本人様であることが確認できる書類を添付してください」といった文言などもゴム印で作っておくと、付せんに押して諸届に貼ったり、手紙などに押したりといろんな場面で使えそうですね。

このように、**「案内する」ことの多い事項をゴム印にしておけば、視覚にも訴えることができ、説明を簡略化することもできます。**

住所：
○○県○○市××　丁目　番　号
この部分は手書きする
よく記入する住所はゴム印で
作ってしまう

12

無駄な作業を減らす②

短期間で焼却する書類は綴らずに専用の箱に入れる

短期間で焼却もしくはシュレッダーをかけるような書類は、その整理や分類に時間をかける必要はありません。**専用の箱を用意し、そこに貯めておきましょう。**

もし、焼却する日にちが異なる場合には、その異なる分だけの専用箱を準備しておけばよいのです。また、**シュレッダーにかけるのも、ある程度貯めて、一度にまとめて行ったほうが効率がよい**でしょう。担当者を決めておいて、当番制にするとよいと思います。

焼却してはいけない書類を間違えて専用箱に投入してしまうと大変なことになるので、**他の書類が混在しないように置き場所には注意が必要**です。

また何日分も書類等を貯めていく場合には、日にちの書いた紙を毎日箱にいれて、その上のものはその日のものとわかるようにしておくと、万が一紛失した書類などがあり、探すときに、すべてを見直す必要がなくなります。

日にちを書いた紙を毎日箱に入れておけば、紛失した書類があったときも探しやすくなります。

13

無駄な作業を減らす③

チェックシートを活用し、記入漏れをなくす

伝票や諸届用紙に記載漏れがあると、もう一度お客さまに書いてもらう必要が生じ、処理が滞ってしまう場合があります。お客さまがすでに帰ってしまっていた場合には、連絡をして再来店をお願いしたり、もしくは訪問しなければならないかもしれません。そのような無駄な作業をなくすためには、**帳票の記載漏れを防ぐチェックシートを作成しておく**とよいでしょう。

チェックシートの作成は簡単です。透明なクリアフォルダーに書類をはさみ、その上からチェックしたい部分を囲みます。消えないように油性のペンを使うとか、テープを貼るなどして工夫するとよいでしょう。

お客様からいただいた帳票を作成したチェックシートにはさめば、一瞬で記載漏れの有

無を確認することができます。

私が銀行員のとき、いつも定期預金伝票の元利継続と元金継続のところに記載をしてこない営業担当者がいました。どちらかを選択して丸をするだけなのに、何度注意しても改

①透明なクリアフォルダーに書類をはさむ。

②クリアフォルダーの上から書類のチェックしたい部分を囲む。

③チェックシートの出来上がり。お客さまにいただいた書類をはさめば、一瞬で記入漏れがチェックできる。

善されません。この丸一つがあるかないかで、事務処理が滞ります。そのたびに外回りをしている担当者に連絡し確認をしていました。

担当者もお客さまに連絡し、その回答を待ってからの処理になります。たった一つ丸がないだけで定期預金作成のオペレーションができず、勘定を締めることができないのです。おそらく営業担当者も、そんな大きなこととして捉えていなかったのでしょう。

そこで取り入れたのがクリアフォルダーのチェックシートでした。定期預金の伝票は、このファイルにいれて確認してから渡してもらうことにしました。その後、記入漏れがなくなったことは言うまでもありません。

14

無駄な作業を減らす④

綴りものは期間ごとに区分けし、まとめて綴る

綴りものにも結構な時間をとられます。都度、綴っていくこともできますが、たとえば、**月単位、週単位など期間ごとに綴りものを入れるボックスを作り、そのボックスに貯めておいて、まとめて一気に綴る方法もあります。**複数枚まとめて穴を開けて綴ったほうが、1枚1枚やるよりも、作業の効率化が図れます。

最近は、店内で綴りものをするのでなく、何年か保存が必要な書類はダンボール箱に入れてセンターなど専門の部署に送り、そこで管理する金融機関も増えています。そうした部署や係があれば助かりますね。

新入職員に新しい仕事を教えているが、教える側の手が回らず、空き時間ができるといった場合などに、そうした作業を担当してもらうのもいいかもしれません。

15

無駄な作業を減らす⑤

ATMの硬貨入金時の注意喚起をする

いくつかの金融機関で聞いたところ、ＡＴＭに大量の硬貨を入金すると機械がつまってしまい、その後の修復作業に時間がかかるといったトラブルが少なくないといいます。

その間、ＡＴＭを1台使うことができなくなり、ＡＴＭ利用のお客さまにご迷惑をかけることになりますし、また作業する職員も、自分の仕事を止めて作業に取りかからなくてはならないわけですから、業務に大きな支障を来すことになります。

こうした本来やる必要のない作業の発生を未然に防ぐことは、業務効率化の大きなポイントです。ＡＴＭに注意喚起の貼り紙をし、大量の硬貨を入金するお客さまは窓口に誘導するようにしましょう。貼り紙は、硬貨を入れる前に目につくように、入金口の横に「大量の入金は窓口に」と吹き出しで書くとか、ＡＴＭの真正面に貼るなど工夫しましょう。

せっかく貼り紙がしてあるにもかかわらず、このようなＡＴＭトラブルが続く場合には、その貼り紙が目についていない場合が考えられます。お客さまの視点でもう一度ＡＴＭの周辺を見てみてください。

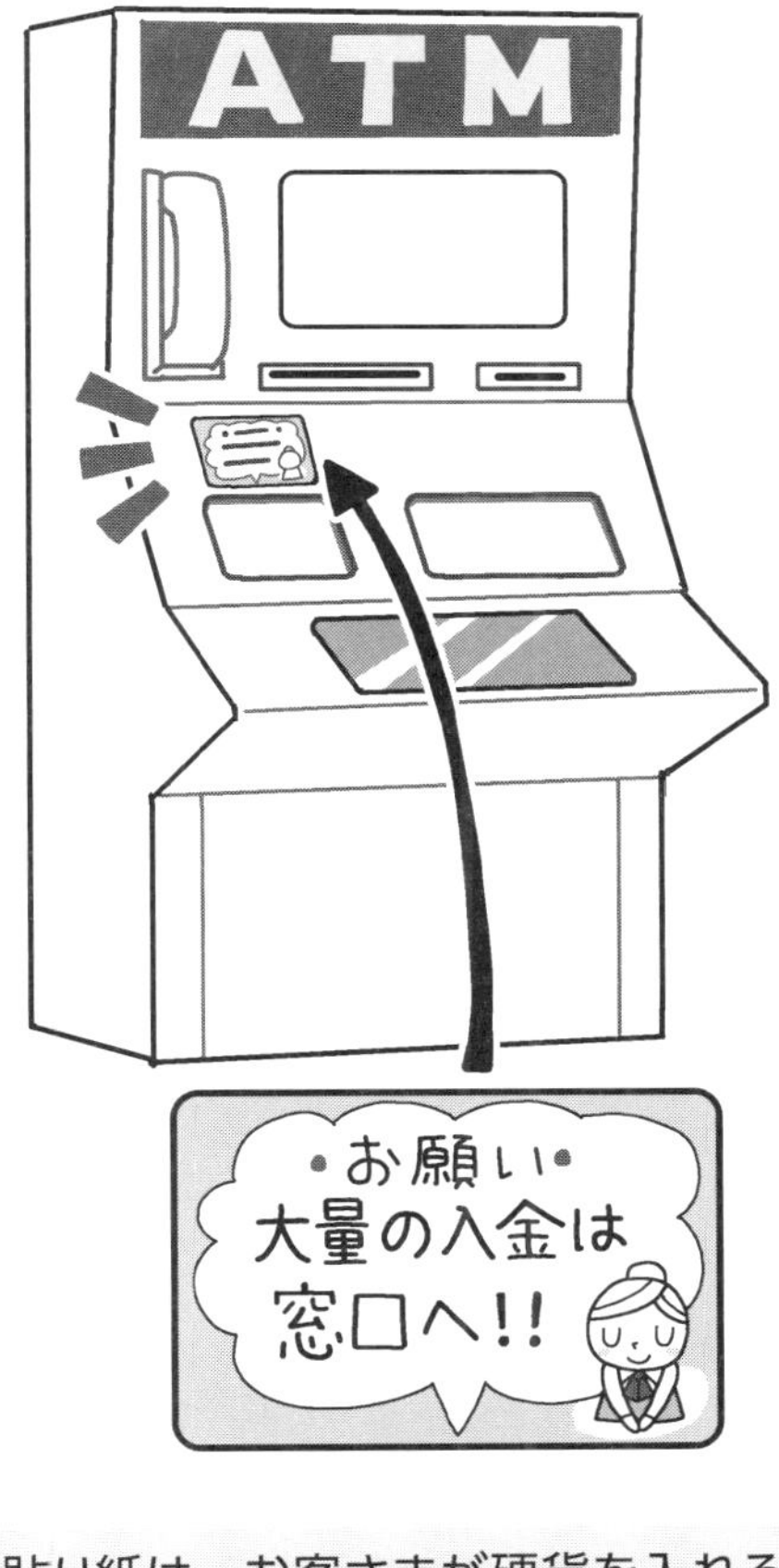

貼り紙は、お客さまが硬貨を入れる前に目につく場所に貼ります。

16

無駄な作業を減らす⑥

各担当者のスケジュールを見える化する

各担当者のスケジュールが一目でわかるようにボードなどを作っておきます。そうすることで、**お客さまから電話があった場合や、席を外している場合などに、その担当者がどこで何をしているのかわかるようにしておく**のです。

物でも人でもそうですが、「探す」という行為は時間の浪費です。「探す」手間を省くことで時間の無駄をなくしましょう。

ボードには「外出」「昼食」などあらかじめいくつかの項目を作っておき、磁石で貼り付けるようにしておけば、スケジュールを書いたり、変更したりする時間もかかりません。

効率化のために作成したものが、かえって時間を使ってしまうといったことがないようにしましょう。

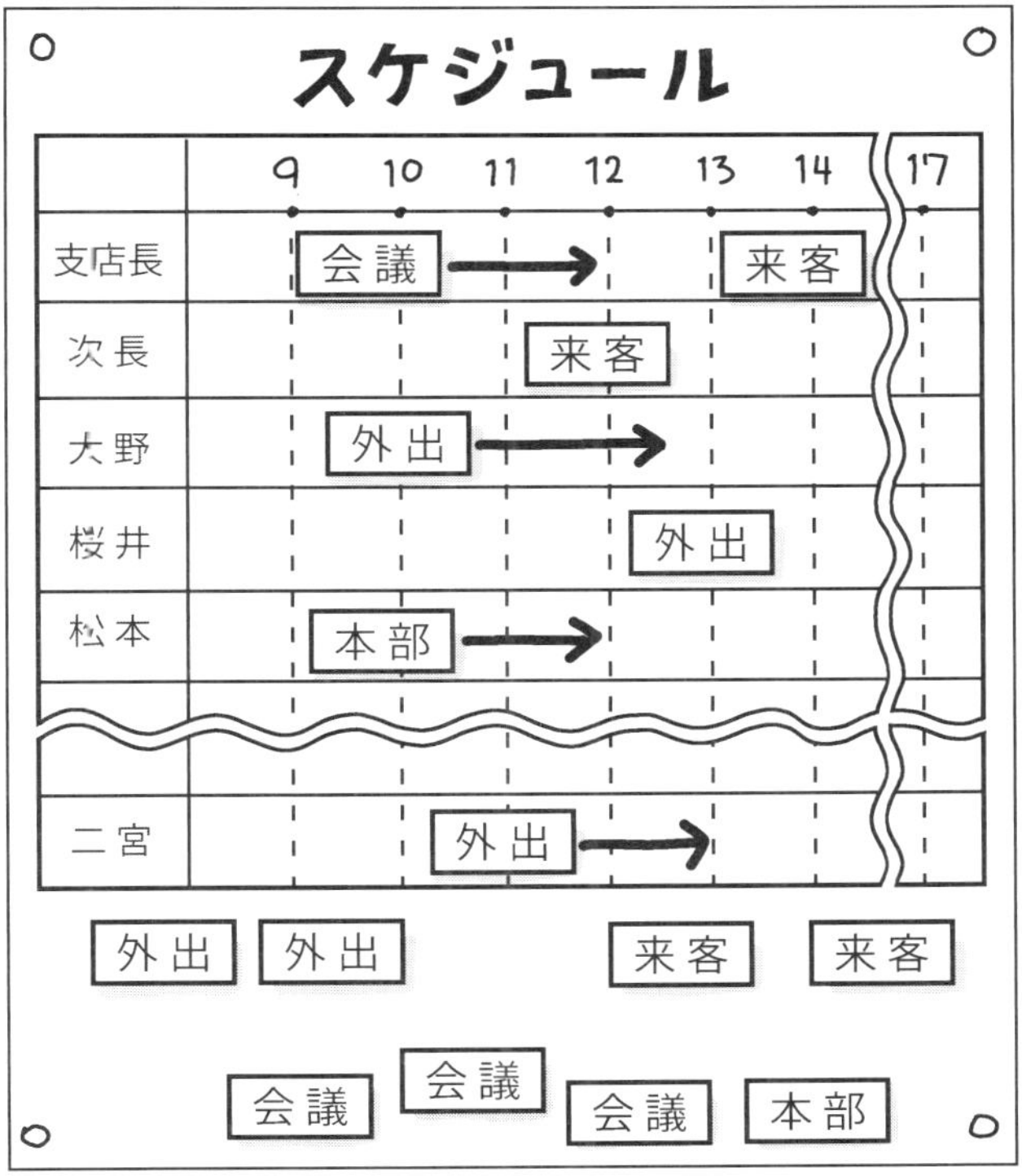

各担当者がどこで何をしているかが
一目でわかるようにすることで、「探す」
手間を省きましょう。

17

共有化を進める①

ひな形を共有する

誰かがお客さまへの手書きのご案内状や挨拶文を作ったとか、店内で応酬話法例などを話し合ったといった場合には、それを店内もしくは金融機関全体で共有しましょう。インﾄラネットの誰でも見ることができるところにファイルを入れて、それをもとに適宜、支店名や商品名など修正が必要なところを変えて使えるようにしておくのです。

案内状にせよ、応酬話法例にせよ、わざわざ最初から作るとなるとかなりの時間を要します。しかし、もとに完成したものがあれば、それを応用することで大幅な時間短縮が図れます。

ある金融機関で両替の手数料を計算するのに時間がかかるという問題が出ました。そこである担当者が、表計算ソフトで金種の枚数（数字のみ）を入力すると手数料が一瞬で出てくるファイルを作りました。

他の支店でも同様の問題を抱えていたので、「それはいい」という話になり、イントラネットでそのファイルを共有することになりました。このファイルを作成すること自体、「業務の効率化」ですが、それを他の人が使えるようにすることもとても重要なことです。

そのツールを使ってうまくいったのであれば、ぜひ、他の担当者もそれを使えるような仕組みを作ってください。

18

共有化を進める②

来店予約を共有する

あらかじめ来店するお客さまがわかっている場合があります。たとえば、運用相談などの予約をしているお客さまもいらっしゃいますし、個人的に担当者と面談の約束をしている場合もあるでしょう。その際、その予定を個人で把握しているだけでなく、支店内もしくは係内で情報を共有しておくと対応がスムーズにいきます。

方法としては、来店予約を受け付ける際に、全員が閲覧できるものに記入もしくはファイルなどへ入力していきます。カレンダーに記載してもよいでしょう。もしくは当日来店者と来店時間、担当者などを、個人情報に配慮し、お客さまからは見えないようにボードに書いておきます。

情報を共有しておけば、予約のお客さまが入店してすぐに、応接や相談ブースまたはロビーなど適切な場所に誘導することができ、お茶を出すのであればその用意もしておくことができますね。

来店のご予約をいただいていたにも関わらず、お客さまをお待たせし、「どの担当者が対応するのか」、内線などであちこちに連絡して探しているケースをよく見かけます。

そんなことにならない体制を整えておくだけで、無駄な時間を省くことができますね。

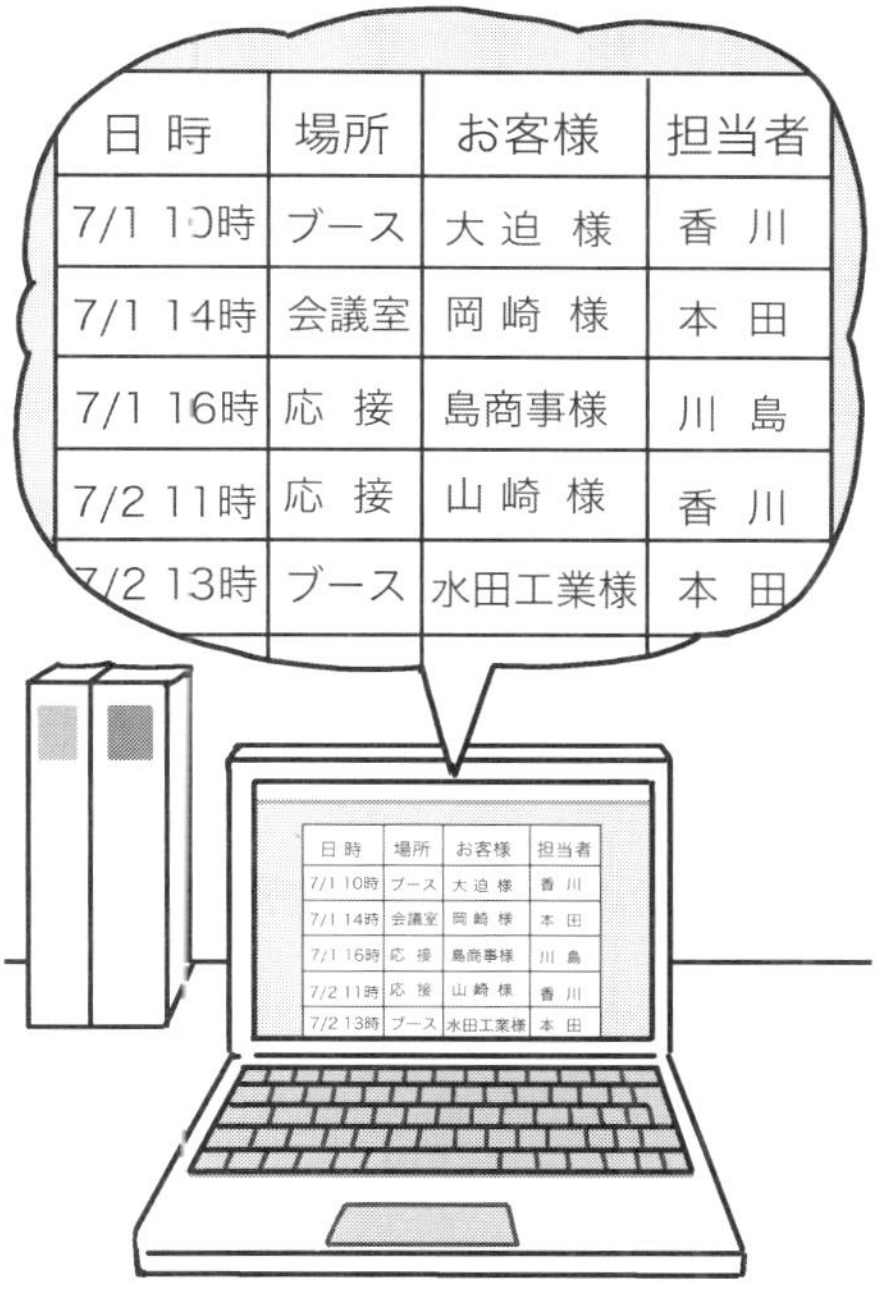

ご来店の情報を共有しておくことで、適切な対応ができ、無駄な時間も省けます。

19

共有化を進める③

同じミスを繰り返さないようにミスを共有する

ミスをすると、そのミスを訂正するのに時間がかかります。特にあわてているときなど、ミスをすることによって、自分で自分の仕事を増やしてしまうなんてことはありませんか。そこで、**同じミスを繰り返さないように、店全体でミスを共有し注意喚起をすることは、業務の効率化の観点からも非常に大切です。**

たとえば、**記入ミスをした帳票があったら、その伝票をコピーし、マーカーや付せんで印をつけ、回覧したり、朝礼で報告するといったルールを決めておきます。**その際、帳票の個人情報などはしっかり消しておいてくださいね。内容によっては勉強会で取り上げる必要があるかもしれません。必要な担当者は、そのコピーを机の下敷きに挟んでおき、確認できるようにしておくとよいでしょう。

ミスをしたことは隠したいことかもしれませんが、店内で共有することで、その後のミスの削減につながります。

ミスの内容によっては、店内勉強会で取り上げて、その原因や対策を話し合いましょう。

20

事務作業量を減らす①
口座振替を提案する

最近はコンビニやATMで手続きする方も増えましたが、**税金や公共料金の支払いに来店したお客さまに対しては、必ず口座振替を提案しましょう。**

中には毎月の支払いの資金が足りないというような事情で口座振替を望まない方もいますので、お客さまの事情への配慮も必要ですが、クレジットカードでの支払いにすればポイントもたまることや、わざわざ来店する手間も省けるなど、メリットが多いことをアピールします。

口座振替を受付する際には多少時間がかかりますが、一度手続きをしてしまえば、その後の事務作業量は削減できます。積極的に進めていきましょう。

21

事務作業量を減らす②

事務集中センターなどを活用する

金融機関にもよりますが、事務作業を集約して行う事務集中センターなどがあれば、大いに活用しましょう。たとえば、毎月月末に決まった先への振込が何件もあるような場合、その振込先を登録してもらえば、お客さまには振込金額を記入してもらうだけで、その振込のオペレーションをセンターで処理してくれるといったメリットがあります。

そこでできる作業をあらかじめ確認しておき、その業務を受け付けたら、次回からのご案内として必ずお客さまに提案しましょう。

実際に利用するためには、お客さまに日数をいただくなどのお願いをしなければならないこともあるでしょうが、その時にポイントになるのが、「繁忙時に窓口で待たせることがなく受け付けられますよ」といった、お客さまにとってのメリットを伝えることです。

22 事務作業量を減らす③
ATMへ誘導する

テラーが行う事務作業を減らす方法として、テラーがやっていることを機械に変わってやってもらうことがあげられます。操作をするのはテラーではなくお客さま自ら。そんなATMへの誘導を進める工夫を行いましょう。

たとえば、振込手数料が窓口よりもATMのほうが安い場合は、**振込伝票の横や記帳台、もしくは書き方見本のところに、「ATMなら手数料が安い！」などの表示をし、伝票を記入する前にATMへご案内ができるようにします。**

ただし、機械化が進めば進むほど、お客さまとの接触は減って、セールスチャンスも同時に減ることになります。そうしたマイナス面をカバーするためには、フロアでお客さまとの会話ができ、次につながるアプローチも同時に考えていきたいところです。

23

事務作業量を減らす④
ネットバンキングを案内する

ネットバンキングをお客さまに利用していただくことで、事務作業は大幅に減ることになります。振込先の登録もできますし、なんといっても金融機関に出向かず24時間いつでも好きなときにお客さまの都合で操作できるのが魅力です。

しかし、まだまだネットバンキングの利用方法を知らなかったり、安全面に不安を抱いたりしているお客さまも少なくないことでしょう。そこで、**お客さまに声かけをして、具体的な使い方などを提案していってください。**

ただし、来店客が減ることはセールスチャンスの減少にもつながりますので、空いた時間を活用してお客さまとコンタクトをとることを忘れずに。

24

事務作業量を減らす⑤

スマートフォンアプリを案内する

ATMへの誘導、ネットバンキングの案内と同様、私たちがやっていることをお客さまご本人に操作していただく方法としてスマートフォンアプリがあります。

もし、**お客さまがスマートフォンをお持ちならば、その場でダウンロードを一緒に行ってもよいでしょう。**そうすれば、今後、その人から受け付ける窓口で行っている業務を省略することができるのです。

また、すでにスマートフォンアプリを通常の振込や残高照会などでご利用のお客さまでも、諸届などの手続きまでできることを知らない方もいらっしゃいます。**書類を記入していただく前にアプリの利用を確認し、お待たせすることなく、アプリでも手続きできることをお伝えします。**操作方法がわからないお客さまには説明をしてさしあげましょう。

しかし、何度も繰り返しますが、こうしたツールの推進は来店客の減少につながりますので、その後のお客さまへのアプローチの仕方は戦略を考える必要があります。

客として銀行窓口に特別金利の定期預金を解約しに行ったときのことです。店内はかなり混み合っており、受付までに何分もかかりました。

受付後は、窓口に設置してあるタブレットの画面で手続きが進んでいきます。ワンタイムパスワードを持っていなかったため、自分のスマートフォンにダウンロードすることを案内され、その場でワンタイムパスワードの設定も行い、私は伝票等の記入をすることは一切ありませんでした。

そこで、「こちらの手続きはネットバンキングでもできました？」と聞いたところ、できるとのこと。私としては内心、「だったらフロアスタッフに用件を伝えた際、ネットバンキングをすすめてくれれば、私の待ち時間も短縮できたのに……」と思いました。

せっかく窓口で対応するのであれば、私なら、定期預金の解約をセールスチャンスと捉え、何らかの声かけを行ったでしょう。そのときは資金の使い道も聞かれることもなく、運用相談につながる話もありませんでした。これでは窓口対応の意味は感じられません。

25

事務作業量を減らす⑥

相続手続きに国の制度を活用する

これからますます増えてくる相続に関する手続きですが、国の制度などを活用することで私たちの事務処理を大きく減らすことができます。２０１７年5月から始まった**「法定相続情報証明制度」もその一つです。これを利用することで、お客さまにとっても担当者にとっても大幅に時間を短縮することができる場合が多い**でしょう。

たとえば、被相続人（お亡くなりになられた方）が生まれた時から亡くなるまでの連続した戸籍謄本を提出していただく場合、金融機関側では戸籍謄本が連続しているのかどうかを確認しなくてはなりません。

昔の謄本は手書きのため、文字を読むこと自体に苦労するでしょう。また、お客さまはいくつかの金融機関で取引していることが多く、さらには戸籍謄本を取得するにはお金がかかるため、原本をいただくことはできません。ホッチキス等で綴じられている戸籍謄本をコピーして保存する場合もあるでしょう。コピーするだけでも手間がかかります。

金融機関によって手続きに違いはあるものの、相続手続きには煩雑な事務作業が多く、相当な時間がかかります。**「法定相続情報証明制度」を利用して、お客さまに法定相続情報一覧図を先に法務局からもらってきてもらうだけで、お客さまは戸籍謄本の束を何度も出す必要もなくなりますし、事務処理も効率化できる**というわけです（お客さまの相続関係によってはこの限りではありません）。

筆者も直近で母、続いて父と両親を亡くし、いくつかの金融機関で相続手続きをしました。しかし、この制度のことを紹介してくれる金融機関はひとつもありませんでした。また応対の面に関しては、お悔やみの言葉があったり、相続人である私の心情を思いやってくれる対応をしたりといった金融機関はごくわずかでした。

相続の手続きは、金融機関にとっては単なる事務処理かもしれませんが、お客さまにとってみたら家族が亡くなったという人生の一大事です。このような時にこそ、応対の違いを見せて、他の金融機関との差別化を図れたらと思います。

26

事務作業量を減らす⑦

意思・判断能力に疑義があるお客さまとの対応を減らす

これからますます高齢者取引が増えてくることが考えられます。その中には、何度も同じことを聞かれたり、説明したことが伝わらなかったり、また、通帳やキャッシュカードを繰り返し紛失するといったケースもあることでしょう。

そのような取引において、窓口で気をつけなければならないことは数多くあります。お客さまの意思や判断能力の確認にエネルギーや時間を費やすことにもなるでしょう。

このような場合にはやはり、お客さまの権利を守る意味も含めて、**「成年後見制度」を活用してもらう**ことが賢明でしょう。**まずは親族の同席をお願いし、地域包括支援センターに相談してもらうように促します。**

成年後見制度の活用により、金融機関は成年後見人等と手続きをすることになります。

27

事務作業量を減らす⑧

店独自の報告物を減らす

店独自の報告物は、極力減らす方向で見直しを提案しましょう。そもそも、**記入する人もそれを見る人も、活用していない報告物は多いものです。そうした報告物はなくしましょう。また、なくさないまでも、報告内容を簡略化し、書く時間がかからないようなフォーマットにすべきです。**

意外と多いのが、本来やらなくてもいいのに、慣習化されてしまっている報告物です。たとえば、以前ミスがあり、その改善策として、店内ルールにより事前検印がルール化されたといった場合は、**本当にそのルールが今でも必要なものなのかを改めて見直してください。**

また、以前決めたもので、今では慣習となっているけれども、システムや事務規定の改訂などがあり、必要なくなった報告物もあるかもしれません。

ある支店で大きなミスがあり、店内ルールを作りました。その業務を行う場合には、シートに内容を記入し、事前に役席者の検印をもらったうえで作業を進めるというものです。そのシートには、顧客名、住所、電話番号から始まり、口座番号や取引内容などを記入する必要があり、それだけで時間がかかっていました。私の目には、そのシートを作成する時間が担当者の業務を増やし、かえってミスを誘発するように思えました。しかも、その金融機関ではその後、システムが変更され、顧客情報をすぐに印刷できるようになりました。その印刷機能を使えば、顧客情報をわざわざ書き写す必要もないわけです。

今やっている「普通のこと」は、自店だけの独自ルールかもしれません。確認してみるとよいでしょう。

店内ルールによる報告物

↑

・本当に必要なものなのか
改めて見直してみよう。

・慣習化されているが、本当は
必要ない報告物もあるかも。

column

研修レジュメのフォーマット

私は、研修のレジュメを研修先のご要望に合わせて毎回作成しています。1年間に100本以上の研修資料ができるわけですが、ファイル名を実施日＋研修名＋（研修先名）にしています。

ファイルを検索する際に、スケジュールと照らし合わせて実施日で探すこともありますし、研修先で探すこともあります。別途、研修実績一覧のファイルがあるので、こちらのファイルを見れば、いつ、どのようなテーマで行った研修かもすぐにわかるので、ファイルを取り出すことが容易です。

ご依頼を受けた研修のレジュメは、以前行った同じような内容の研修のレジュメを土台にして、その他の資料を追加したり削除したりして完成させます。したがって、ひとつの研修レジュメを作るのにさほど時間はかかりません。

このときに、レジュメのフォーマットを統一しておくことが効率化のポイントになります。フォントや文字の大きさ、ページ番号の位置などを決めておくことで、わざわざ直す必要がなく、デザインなどが統一された資料を作ることができるのです。

このように、今まで積み重ねてきた業務を1回きりのものにせずに、すぐに取り出して再利用できるようにする視点で業務の効率化が図れるものはありませんか？

第3章

店内体制を整える

店内の配置や体制の中に
業務の効率化を妨げる原因が
潜んでいることは多いもの。
「これって無駄では？」と思ったら、
見直しを提案してみましょう。

1 店内の動線を見直す①
店内レイアウトを変える

店舗によっては、配線などの関係でできない場合もありますが、**店内レイアウトは、できるだけテラーが立って動き回らないような形にします。**

たとえば、よく見かけるのが、第1線のテラーが後方の役席者の席まで移動して検印してもらうようなケースです。また、後方担当者が役席者と窓口の受け渡し役、つまり中継になっているような場合も同様です。このような場合には、テラーのすぐ後ろに役席者の机を配置するのも一法でしょう。

端末やタブレットの置き場を変え、動線を見直すことで、作業時間を短縮することができるかもしれません。自店のレイアウトでは動線が長くなると思ったら、役席者に見直しを提案してみましょう。

動線が長い店内レイアウト

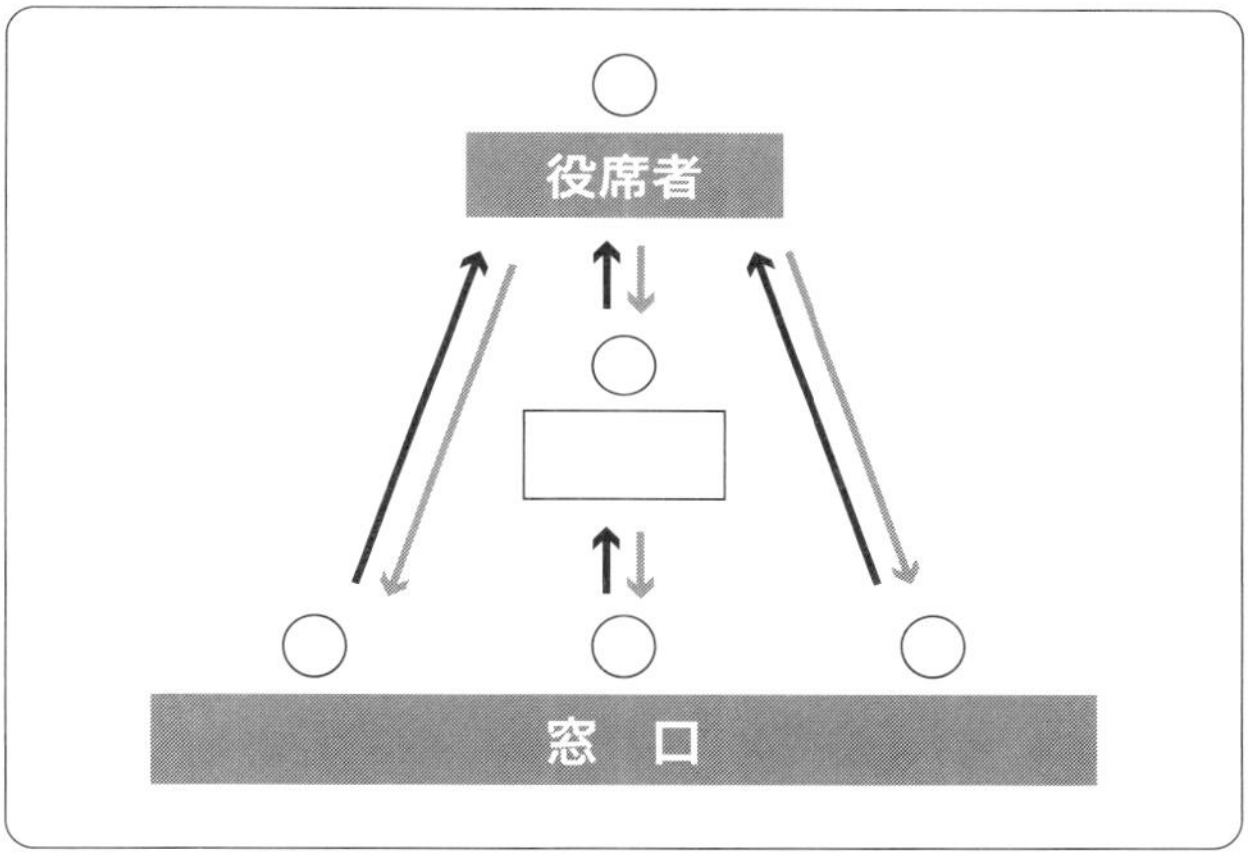

動線が短い店内レイアウト

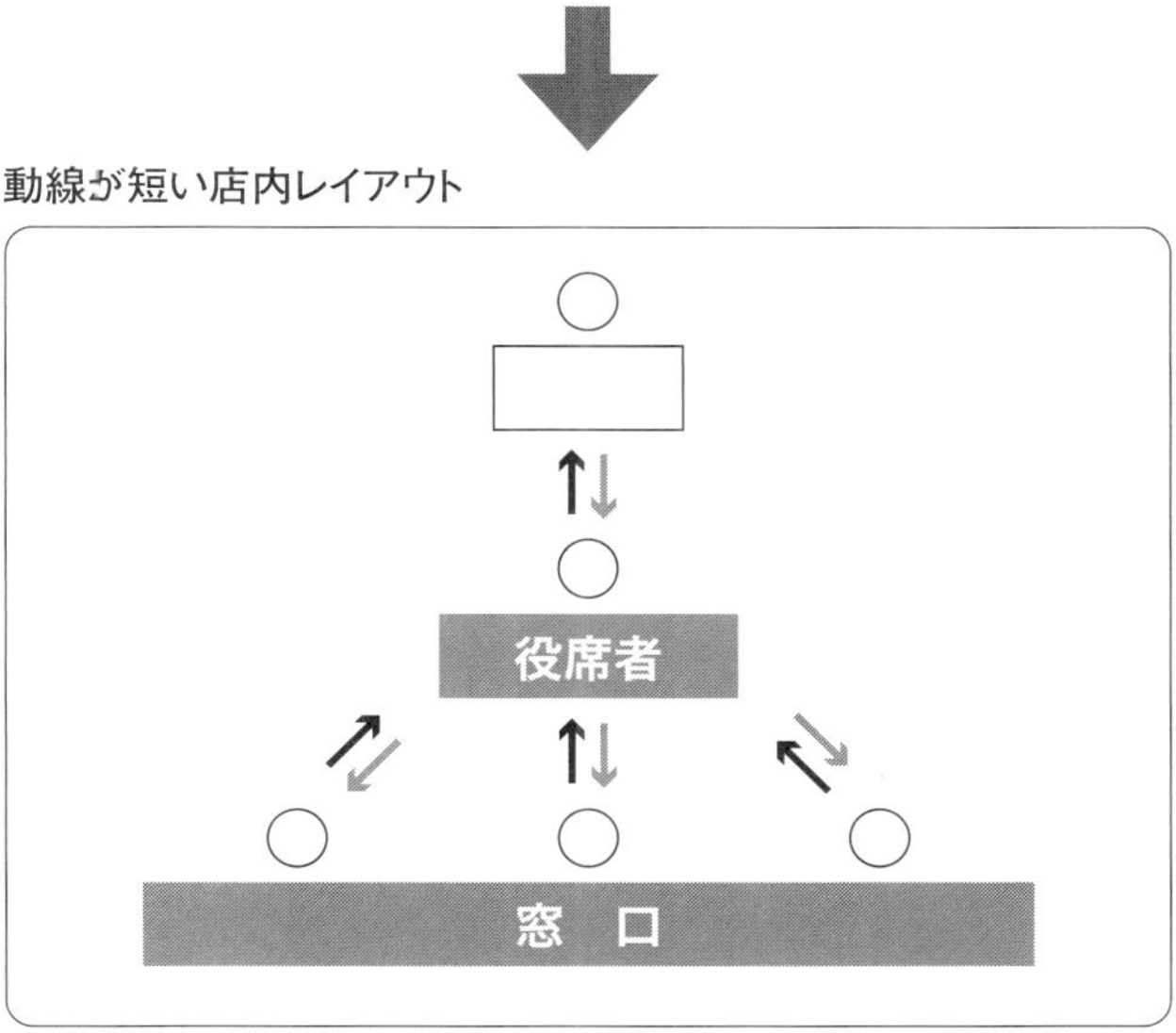

2

店内の動線を見直す②

よく使うものは手元に移動する

店内の動線を見直すことはとても大切なことです。たとえば、よく使うものが金庫の奥など遠くにあると、その間を何往復もしなければなりません。

そのよく使うものがファイルなど移動可能なものであれば、就業時間もしくは支店の開店時間だけでも、使用頻度の多い担当者の近くに移動しておきましょう。

ある金融機関で臨店指導をしていたときのことです。印鑑届の原簿が金庫の奥に置かれていました。原簿なので、全部を移動しようとすると、かえって時間がかかります。また、業務終了後には鍵のかかる金庫内に収納しなくてはなりません。日に数回はその原簿を必要とする作業があり、そのたびに担当者は席をはずして金庫の奥にまで行かなくてはならない状況でした。

なんとかその状況を改善したいと思い、「支店長、ここに印鑑簿を入れる鍵のかかるキャビネットか、業後は金庫にしまうことができる移動可能なキャビネットを買ってもらえませんか？」と聞いてみました。すると、「いいよ」と即答。講師である私が提案したから実現したというわけではありません。今までに業務改善の視点で、今回のような依頼をしてくる職員はいなかったそうです。

「お金がかかる」とか「無理」とか勝手に考えて、最初からあきらめるのではなく、試しにでも上司に言ってみることです。

3

店内の動線を見直す③

事務機器の消耗品は、それを使う機器と同じ場所に置く

印字に必要なロール紙やコピー機のリボンなど、事務作業で使用する消耗品がありますね。それらは、一定期間が経つと必ず交換や補充が必要になります。**そのような消耗品は、その消耗品を使う機器と同じ場所にまとめて置いておきましょう。**そうすれば在庫も一目でわかりますので、使った際に在庫が少なくなっていれば、その場で次回のために注文することもできます。

もし、備品を置いておくことで見た目が悪くなるということでしたら、備品の入った段ボールなどを装飾するとか、布をかぶせるなどして店内美化も合わせて行うとよいでしょう。こうした装飾は、一度作ってしまえば継続して使うことができます。

やや余談になりますが、「業務の効率化」は何も職場だけのものではありません。家事にも大いに役立てることができます。

たとえば「消耗品を同じ場所に置く」を家事にあてはめてみますと、我が家ではごみ箱の中にごみ袋のパックのままのものが入っています。そうするとごみ捨ての際にごみを取り出すと、そこに新しいごみ袋があり、ごみ箱にセットすれば完了です。

ほんの少しのことですが、何度も何度も繰り返す動作こそ、省略や効率化の見直しができるものが多いのです。少しの時間の節約であっても、それがまとまったら大きな時間を作り出すことを覚えておいてください。

4

店内の動線を見直す④

ツールを増やす

みんなで共用していたツールを、数を増やしてテラー各自が持つようにすることで、そのツールを取りにいくまでの移動時間を削除できます。

ある金融機関で臨店指導したときのことです。テラーの動きを観察していると、3人のテラーがある一定の場所に移動して、何かをしていました。時にはその場所で渋滞することもあります。

彼女たちが何をしていたかというと、税金の収納印を領収書に押印していました。その月は納税月だったため、何件もの処理を受け、窓口と収納印のある場所を往復しています。距離にしてみたらほんのわずかなものですが、これを何度も繰り返すとなると、チリも積もれば山となるごとく、膨大な時間を費やすことになりかねません。

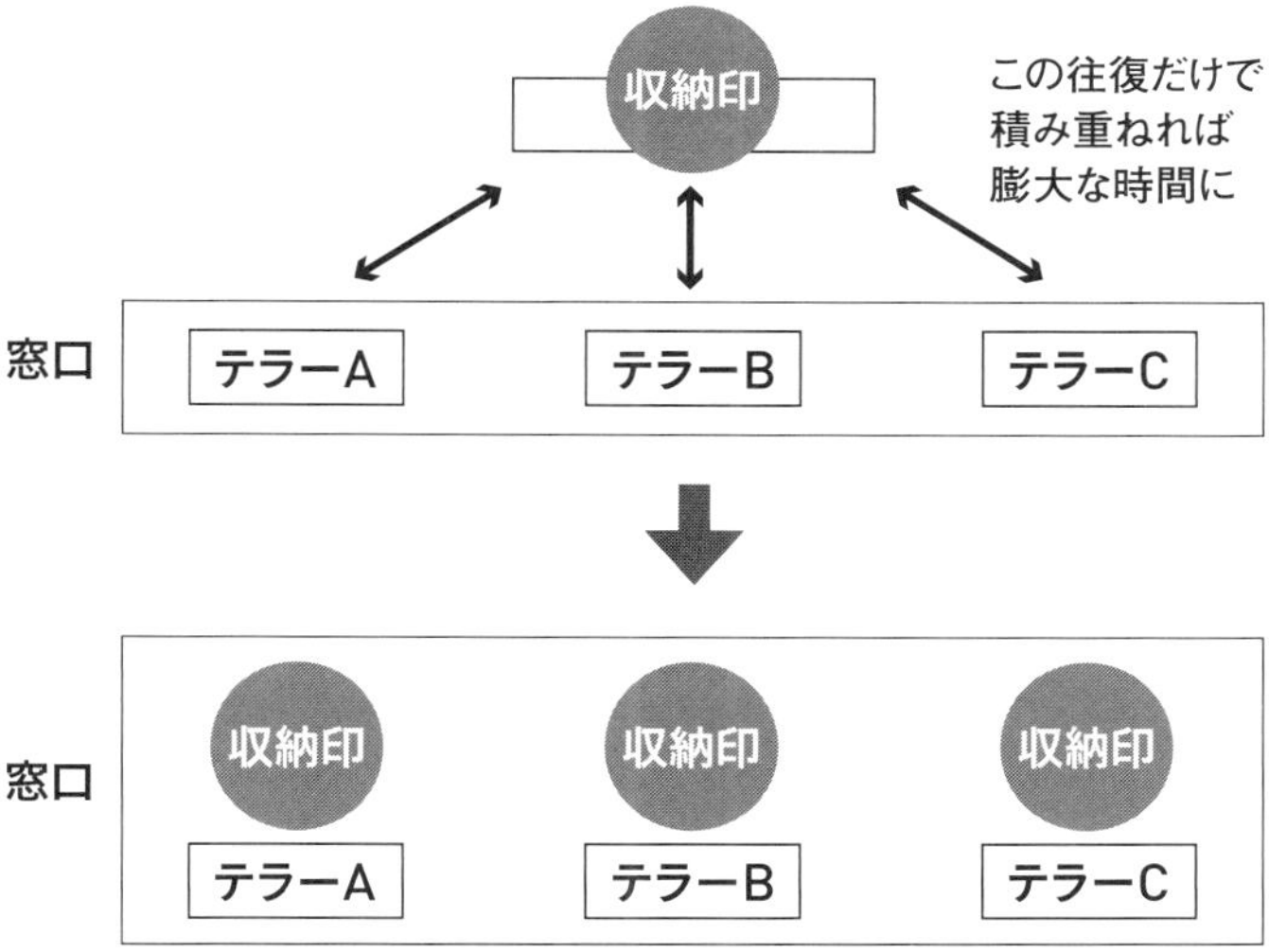

テラー各自が収納印を持つようにすれば
それだけで大きな業務効率化に

まずは、顧客に返却する領収書に押印するのが収納印でなくてはならないのかを確認しましょう。各テラーの持っている出納印などで代用できるのであれば代用します。決められた収納印を押印しなければならないのであれば、人数分買ってもらえないか聞いてみましょう。コストはかかりますが、その後の事務削減を考えたら安いものです。

買ってもらえない場合には、税金振込専用窓口を開設し、窓口を集中させてその窓口に収納印を置いておくのでもよいでしょう。

5

店内の動線を見直す⑤

窓口がいくつもある場合には、環境を揃えておく

窓口がいくつかあり、その日により、あるいは時間帯によって、異なる窓口に移って仕事をするケースもあるかと思います。その際、**どの窓口も仕事をする環境を同じに揃えておくと、帳票を探す手間などが省けます。**

たとえば、伝票などの置き場所を統一し、順番も揃えておきます。無意識に体が場所などを記憶しますので、処理をする際に、必要な伝票に自然と手が伸びるなどということもあるでしょう。小さなことのように思いますが、小さなことの積み重ねが大きな結果を作り出します。

こうした仕事環境の統一の考え方は、支店内だけでなく、他店との間でも有効なものです。

ある金融機関では、どの店舗に行ってもキャビネットの位置とそのキャビネットの中に入っている帳票の順番が同じだそうです。**全店舗で環境を統一することで、転勤した際にも戸惑うことなく業務にとりかかれます。**

何がどこにあるのかわからないという状況は本人にとっても困りますし、それを尋ねたり教えたりするのも手間になりますね。それを全店舗で合わせてしまうというのは、簡単そうでなかなかできない素晴らしい取組みだと思いました。

本部で各支店のキャビネットを揃えて購入し、さらには棚のラベルも印刷し、並べる順番を決めて各支店に配布してくれたらいいですね。個人レベルで実現できることではありませんが、意見として本部に提案してみたら、ひょっとしたら実現するかもしれませんよ。

6

人の配置・体制を見直す①

セールスする人と作業をする人の役割分担を見直す

一人のお客さまにテラーが一人で対応するのではなく、対応する人数を増やしてお客さまの来店時間を有効活用します。

たとえば、**お客さまが待っている時間に、ロビーに出てお客さまの横でセールスにつながる声かけをする**といった具合です。カウンター越しに声かけをするよりも、近くで横並びになって話しかけた方が、お客さまも身構えることなく、いろいろ話してもらえることでしょう。

また、**テラーがお客さまの用件を受け付け、その後、後方担当者に処理を回し、事務処理は後方担当者が行い、その間にテラーが顧客と会話を続けてセールスを行う**というのも一法です。

テラーにとってみれば、受付からの流れで会話を続けることができます。端末でお客さまの属性や取引情報なども見ながら会話を進めることができるのもポイントです。お客さまにしてみたら、手続き中に話をするので、余計な時間を取られることもありません。そして、会話をしている間に手続きが終わるので、待たされたという感覚も少なくなります。

現在は、受け付けたテラーのみで完結する1線処理をしているところが多いと思いますが、このような**役割分担をすることでセールスのアプローチ時間を作る**こともご一考いただければと思います。

7

人の配置・体制を見直す②

ローテーションを組む

ローテーションを組むことで**誰もがどの仕事でもできるように体制を整えます**。最初、仕事を覚えて回せるようになるまでは大変かもしれませんが、できるようになれば、手の空いた人が他の人のサポートをすることができるようになり、休暇も取りやすくなるでしょう。

ローテーションの組み方は、店舗の人数等の条件にもよりますが、**ひとつの係で教える人と学ぶ人を決めて、教える人をその係にまず固定し、学ぶ人が一定期間で回ります**。その際に、共有のマニュアルなどを作ってしまえば、あとから入ってきた人たちも使うことができ、そのマニュアルを共有することもできますね。

その後は、教える人と学ぶ人が役割を交代して回していけば、体制作りの土台が完成します。

そもそも人数がそれほどいないということであれば、**時間帯を決めて「他係留学」**のようにしてもいいですね。

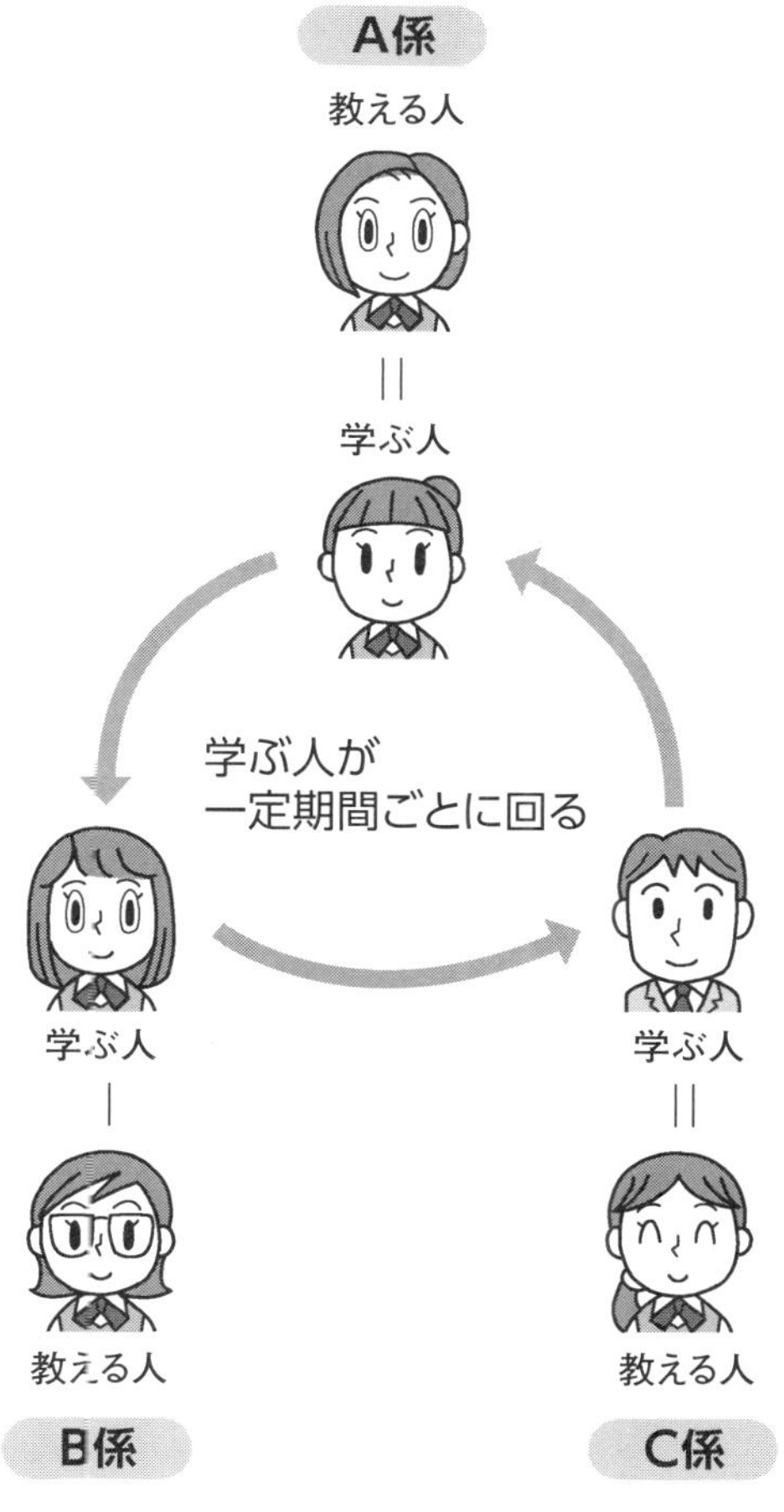

●一巡後は、教える人と学ぶ人が役割を交代してさらに回していく

8

人の配置・体制を見直す③

フロアスタッフを配置する

店舗によって人員配置は異なりますが、**フロアスタッフを置くことで効率化を図れること**は数多くあります。

まず、お客さまの用件を聞き、お客さまの用途にあわせて、ご案内をします。自動受付発券機の番号札を引いてもらうのであれば、その待ち時間に準備しておいてもらうものを伝え、手元に出しておいてもらいます。伝票や諸届の記入が必要な場合には、その間に書いてもらいましょう。

用件によっては、番号札を引くことなく後方に処理を依頼することもできますし、ATMやタブレットで操作が可能であればフロアスタッフが案内します。ローカウンターや他の窓口に誘導することもあるでしょう。さらに、取引内容によっては各担当者に引き継ぎ、セールスのチャンスとすることもできます。

フロアスタッフが総合的な判断ができるのであれば、たとえ窓口をひとつ閉めたとしても、フロアスタッフを配置する効果は大きいでしょう。

せっかくご来店いただいたわけですから、その機会を最大限活かすとともに、お客さまにも満足してお帰りいただきたいものです。

お客さまの誘導などでフロアスタッフが総合的な判断をできれば、大きな効率化につながる。

column

レストランで気になること

レストランに行くと、つい店員さんの動きを観察してしまいます。混雑しているお店であればなおさら、その動きをチェックせずにはいられません。

まず、そもそもの動作が早いか遅いかを観察し、その店員さんがどういう優先順位で動いているのかを観ます。そうすると、店員さんの中にも、何も考えていないであろう人と、次の状況がイメージできている人がいることがわかります。

前者の店員さんは、目についたことに対応するだけだったり、手をつける場合も、自分にとって楽な仕事から手をつけます。

これに対して後者の店員さんは、どのようにしたらお客さまの回転がよくなるか、お客さまをお待たせせずにすむのかを考えて、てきぱきと行動しています。

私が店員だったら、まずはできるだけ早くお客さまをお席に案内し、メニューを渡して、料理を選んでもらっている間に他のテーブルの片づけをするだろうな……戻る途中であの席のお皿を片付けるだろうな……そうすれば2割増しくらいのお客さまに召し上がっていただくことができるな……などなど、そんなことばかりを考えてしまいます。

「そんなこと考えていたら、ゆっくり食事もできないのでは？」なんて声が聞こえてきそうですね（笑）。

レストランの中のレイアウトを変えたり、店員の役割分担を見直すことで、もっと効率よく、お客さまへのサービスができることもあるでしょう。これは金融機関も同じこと。そんな視点から、お店のあり方について店内で話し合ってみてはいかがでしょう。

店舗内で効率よく動くには、どんな工夫ができますか？

第4章

セールス方法を工夫する

セールスの効果をあげるためには、
実は時間の使い方が
大きなポイントです。効率よく
お客様とのコンサルティングを
進めていきましょう。

電話セールスを行う①

1 隙間時間を使って、1日1件の電話セールスを行う

テラーにとって、セールスは大事な業務です。ところが、受け付けた事務処理に追われて、セールスどころではないという方もいらっしゃるでしょう。また、地域によっては、来店客が少なく、しかも決まったお客さまばかりで、待っているだけではなかなかセールスにならないというケースもあると思います。そうした場合、こちらから積極的にアプローチを行うためには、電話セールスが有効な手段になります。

電話セールスは、1日に何件もしようとするとまとまった時間が必要になりますが、**1日1件というように件数のハードルを下げて、隙間時間にやっていくと継続することができます。**

たとえば、1日1件5分程度であれば、時間を作れると思いませんか？

ポイントは、1日1件と決めたら必ずやること。朝、業務を始める前の時間でもいいですし、昼食休憩の前後でも、勘定を締め終わったあとでもいいので、とにかく1件、隙間時間を使って行うようにします。そして、そのことを店内で報告しあうと、さらに行動は継続され、成果に結びつくことでしょう。

業務前の時間でも、昼食休憩の前後でも、勘定を締めた後でも、隙間時間を使って1日1件の電話セールスを行いましょう。

2

電話セールスを行う②

電話セールスの時間を決めて一斉に電話をする

窓口セールスは、個人の意識やモチベーションに任せられることが多く、人によって、やる・やらないの差が大きくなります。電話セールスも同じで、その取組みを個人に任せてしまうと、やらない人はやらないということになりがちです。そこで、**たとえば週に1回、○曜日の○時から30分間と時間を決めて一斉に電話セールスを行う**ようにします。

電話セールスを行った後には、電話した件数や、そのうちつながった件数、得られた情報などについて、店内で情報交換するとよいでしょう。

「セールスする時間がない」というのは、セールスを後回しにしているために生じる状況です。セールスの時間を最初に強制的に作ってしまうことを検討してみてください。

3

電話セールスを行う③

電話セールスを当番制にする

前項で紹介したのは、電話セールスの時間を一斉に作るという方法でしたが、こちらはこれを**当番制にして、店内で事務処理も電話セールスも同時進行させていく**方法です。前項の方法と同じく、電話セールスをするための時間を強制的に作り出します。

時間を区切り、その時間の当番は、窓口を閉めて、会議室や応接などの別室で電話セールスを行います。その間は、周囲の人が見てわかるように「当番中」などと書かれた立て札などの目印を担当者の机に置き、その間は他の担当者が業務をフォローする体制を整えます。

当番は時間で区切るだけでなく、架電件数を決めて○件かけ終わったら交代、と決めてもいいですね。

4

待ち時間を活用する①
待ち時間にアンケートをとる

お客さまの待ち時間にアンケートをお願いし、それによってお客さまの取引拡大の可能性の見極め、セールス時間の短縮を図ります。

お客さまのニーズに合った商品を案内するためには、情報収集は欠かせません。しかし、業務に追われていると、窓口ではお客さまにいろいろ質問している時間がとれないという現場の声をよく耳にします。

そこで、**事務処理を行っている間のお客さまの待ち時間を使って、アンケートの記入をお願いするのです。そうすることで、取引拡大の可能性の見極めもできますし、お客さまのニーズに合った商品提案を行うための情報も得ることができます。**

ただし、**アンケートづくりには工夫が必要**です。お客さまが答えやすいように、選択肢を選んでもらう方式にする、質問の項目を絞るといったことは、ぜひ考慮したいポイントです。

●待ち時間を利用したアンケートの例

窓口ご来店アンケート

Q1.　ご家族やご友人などでがんになられた方はいらっしゃいますか？

いる　　いない

Q2.　もし自分ががんになったとしたら、誰に一番に相談しますか？

Q3.　がんと診断されたら、何が一番心配ですか？
（○をひとつだけつけてください）

病気の状態　　家族　　仕事　　お金

その他（　　　　　　　　　　　　）

お名前

ご住所

電話番号

ご協力ありがとうございました

5 待ち時間を活用する②
待ち時間にチラシをご覧いただく

待ち時間にチラシやパンフレットをご覧いただき、セールス時間を短縮する方法です。

金融機関によっては、お客さまの層に合わせてパンフレットを分け、バインダーにまとめて、受付時に「こちらをご覧いただきながらお待ちください」と案内しているところもあります。

また、ロビーにキャンペーンコーナーなどを作り、ディスプレイしたり、待合席からちょうど目に入るようにカウンターの下にポスターを貼るなどして、お客さまが待ち時間に商品を目にされるようにするのも一法です。

お客さまも、何かを見たり読んだりしていると待ち時間を短く感じますし、商品のご案内時間の短縮にもつながります。

チラシなどをご覧いただいたお客さまに対しては必ず声をかけて、お客さまがその商品についてどのように思ったり考えたりしたかを必ず聞いてくださいね。

お客さまの層別に、パンフレットをバインダーにまとめておき…

待ち時間を利用して、お客さまにご覧いただきましょう。

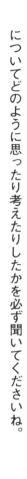

6

商品提案を効率的に行う

商品メリットを一つだけ伝え、見込み客かどうかを見極める

営業研修をしていると、セールスのクロージングまでに時間がかかる方を見かけます。たとえば、見込みがないのに長々と話をしている担当者、お客さまが興味を持っていて、詳細まで話さなくても契約できるのに、細かな話を延々と続ける担当者などです。

商品を提案する際には、お客さまのお話を聞いたうえで、そのお客さまにとってメリットになりそうなことをひとつだけ伝えます。ひとつだけというのがポイントです。

特典などを伝えるときに、よく、「○○という特典もありますし、△△の特典もありますし…」と全部を伝えようとする人がいますが、チラシに書いてあることを全部説明しなくてもよいのです。お客さまにとってみたら、そんなにいくつも覚えることはできませんし、印象にも残らなくなります。

そのお客さまに響きそうなことをひとつだけ選んで伝えるのです。そうして、それに対するお客さまの思いを聞くと、そのときの反応により、お客さまは3つのパターンに分けられます。

一つは「ぜひ、やりたいです」というように積極的な意向を示すお客さま。こうしたお客さまには、「では、本日お申し込みをしていきませんか？」とすぐにクロージングをし、申込みや契約の手続きに進みましょう。

二つ目は、「う〜ん、どうしようかな」と興味がないわけでもなく、断るわけでもなく、悩まれるお客さま。こうしたお客さまには、さらなるメリットなどを説明し、あと一歩を踏み出せるように背中を押すか、どのようなことにためらっているのかを聞きます。こうしたお客さまにはさらに時間を費やすことになりますが、**ひとつの話をしたらお客さまの意向を確認することで、その後の無駄な会話を短縮することができます。**

最後は「全く関心がない」お客さまです。一般的には、こうしたお客さまには説明を続けることはせず、見込み客ではないと判断して、セールスをやめることになるでしょう。

ただ、私であれば、この三つ目のお客さまに対しては、そのときの状況を踏まえたうえで、セールスを続けるか続けないかを判断します。

お客さまに響きそうなことを一つだけ伝えて、お客さまの思いを聞く。その反応により、以降のセールスを変える。

お客さまパターン①

・すぐにクロージングをし、申し込みや契約の手続きに入る。

お客さまパターン②

・さらなるメリットなどを説明し、あと一歩踏み出せるようにお客さまの背中を押す。
・どのようなことにためらっているのかを聞く。

お客さまパターン③

・見込客でないと判断し、セールスをやめる。
・ただし、時間に余裕があるときは、興味がない理由を聞いたり、他のアプローチを考える。

たとえば、時間に余裕がある場合などは、興味がない理由を聞いたり、さらなる情報取集を行ったり、他の商品の提案ができないか、他のアプローチ方法はないかを考えます。一方、店内が混雑していたり、業務がたまっていたりする場合には、そこでセールスは終了します。

見込み客かどうかを見極めるのも、仕事の効率化には重要なポイントです。

おわりに

現在、金融機関で行っている業務の多くは、近い将来なくなっているか、ずいぶん省力化が進んでいると考えられます。そうなったとき、金融機関で働く皆さんは、果たして時間に余裕をもって仕事や生活をしているでしょうか？

私は、今「時間がない」「忙しい」と言っている人は、どんなに仕事が省力化されても、相変わらず同じことを言っているような気がしてなりません。業務の効率化への意識や、「時間を作る」という観点を持つことができていなければ、業務の内容がいくら変わったとしても、時間に追われる状況は変わることはないと思うからです。

もちろん、それで本人が充実しているということであればよいのですが、もし、時間に追われることで、つらい思いをしていたり、不本意な毎日を送っているというのであれば残念なことと言わざるを得ません。

研修先の金融機関の皆さんから、「お昼ご飯も食べられない日がある」「毎日、家に帰るのも遅い」などといった声を聞くことがよくあります。そんな話を聞くたび、私は胸が痛みます。現状でもいっぱいいっぱいの皆さんに、さらに「お客さまに声をかけましょう」「営業しましょう」と言っても、なかなか実践に結びつかないのも無理はありません。

そんな皆さんが、少しでも仕事に余裕を持って取り組むことができ、お客さまへの声かけやセールス活動にも取り組めるようになってもらいたい。そう思い、そのために必要な業務効率化への視点を持っていただけたらと考えて、本書を書きました。

本書で取り上げたひとつひとつの内容は、ほんの些細なことで、ひとつやったからといって、業務時間が大幅に短縮できるものではありません。しかし、チリも積もれば山となる如く、やればやっただけの効果をもたらします。そして何より、それによって「時間を作る」という観点を持つことができたら、今やっていることに工夫が生まれ、業務のさまざまな点を改善していくことができると私は思っています。

そして、ちょっとした業務の改善が図れたら、その成功体験がきっかけとなり、仕事だけでなく、プライベートでも時間に対する考え方や姿勢が変わってくるはずです。

そうして、仕事でもプライベートでも、時間を自分で作り出し、コントロールできるようになったら、皆さんの本当にやりたいことができるようになることでしょう。

皆さんはその時間を使って、何をしますか？

この問いかけに対し、いま皆さんの頭に浮かんだことが実現することを心から願っています。

なお、本書で取り上げた業務の効率化といったテーマも含め、今後も皆さまのお役に立つ情報を発信していけたらと思っています。「中島啓子公式ウェブサイト」(https://keikonakajima.com)をご覧いただければ幸いです

最後になりましたが、本書を出版するにあたり、出版の機会を与えてくださった近代セールス社の皆さん、編集を担当してくださった飛田浩康さん、デザインを手がけてくださった今東淳雄さん、イラストを描いてくれたホシノユミコさんに心よりお礼

を申し上げます。
そして、この本を手にとってくださった読者の皆様に心より感謝いたします。

中島啓子

2019年7月

[著者紹介]
中島 啓子（なかじま・けいこ）

明治大学短期大学卒業後、都市銀行に入行。主に相談窓口を担当する。営業チャレンジ表彰では連期「店頭渉外優秀賞」を獲得。退職後は主婦からFPに転身。顧客と信頼関係を築くためのコミュニケーションプログラムを取り入れた研修を幅広く展開している。

研修では具体策と共感力で受講生からの支持を獲得。数字にコミットし、実践・継続する仕組みで目標達成に導く研修を得意としている。

著書に『「青」のコミュニケーションで人生を変える』（経済法令研究会）、『愛されテラーの"声のかけ方"ノート』（近代セールス社）がある。

「中島啓子公式ウェブサイト」https://keikonakajima.com

〈主な研修テーマ〉
「テラー基礎・応用研修」「接客研修」「CS向上研修」「コミュニケーションスキル向上研修」「セールス力強化研修」「預かり資産研修」「キャリアデザイン講座」「女性活躍推進講座」「目標達成プログラム～店舗活性化研修」など
研修・講演のご依頼は、近代セールス社営業部までご連絡ください。
TEL 03-6866-7586

業務効率がアップする
てきぱきテラーの仕事術

2019年9月14日　発行

著　者　中島啓子
発行者　楠 真一郎
発行所　株式会社 近代セールス社
〒165-0026　東京都中野区新井2-10-11 ヤシマ1804ビル4階
電話（03)6866－7586　FAX（03)6866－7596
装幀・DTP　今東淳雄（maro design）
イラスト　ホシノユミコ
編　集　飛田浩康
印刷・製本　三松堂株式会社

ISBN978-4-7650-2152-4

中島啓子の本

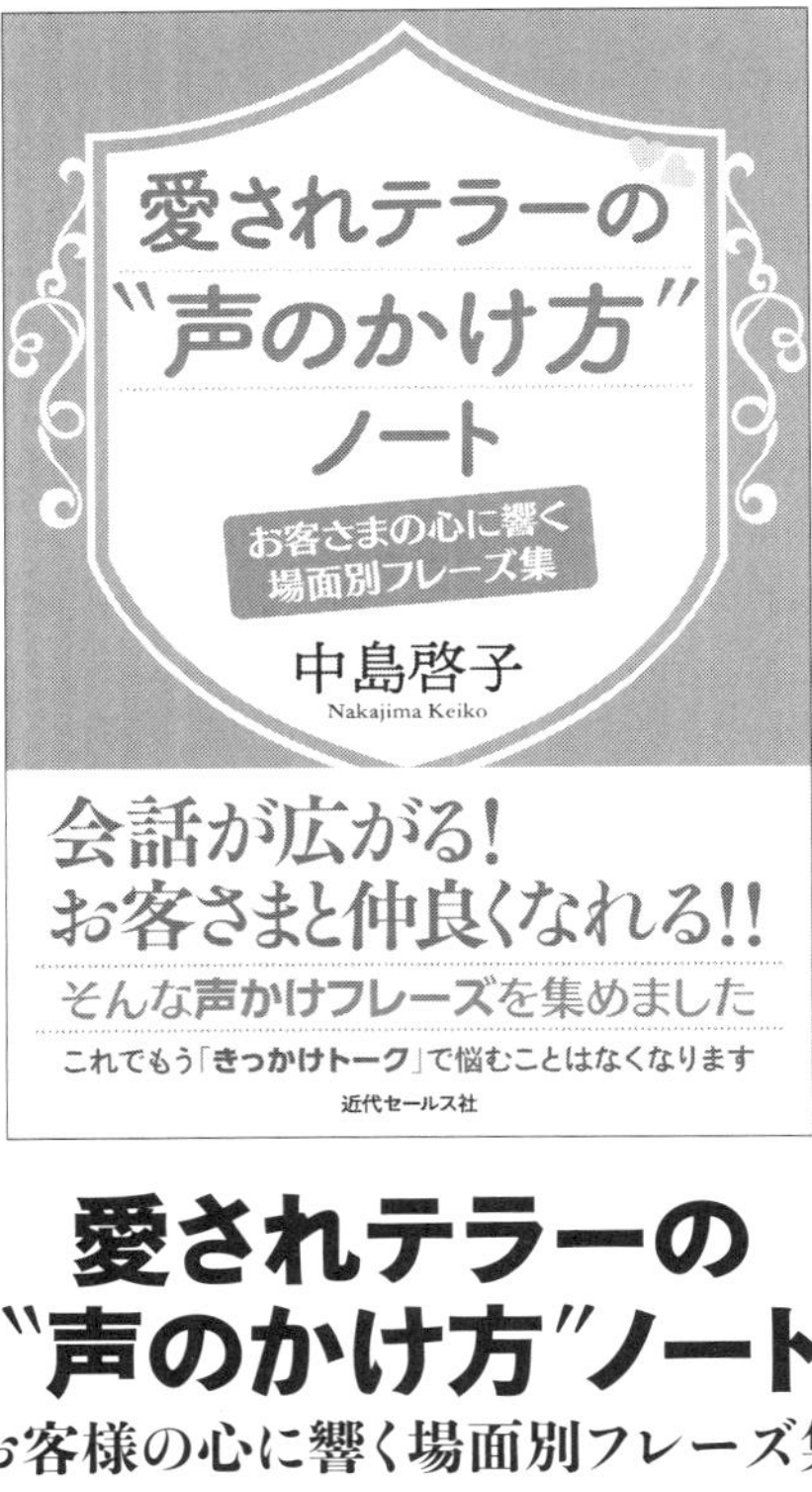

愛されテラーの
"声のかけ方"ノート

～お客様の心に響く場面別フレーズ集～

定価 1,300円(税別) 四六判・144ページ

金融機関の窓口におけるさまざまなシーンを取り上げ、お客さまの心をつかむ声かけから、好感度が高まる一言、上手に情報を引き出す一言など、"使える声かけフレーズ"を場面別に紹介。お客さまとの距離をグッと縮めることができる一冊です。